지니와 빠룰의
우파니샤드

지니와 빠롤의 우파니샤드

배철진 지음

자유문고

* 영역본은 S. Radhakrishnan의
The Principal Upanishads, New Dehli: HarperCollins Publishers India, 1994.

머리말

그건 내게 행운이었다. 언제나 고향을 떠나 있어야 한다는 것은. 그것은 항상 새로운 사건을, 그것도 예상치 못한 사건들을 나에게 던져 주었다. 내 자신을 바라볼 때, 특별히 여행을 좋아하거나 새로운 사람들과 볼거리를 즐기는 편은 아닌 듯하다. 그러나 주어진 삶의 여정이 나를 어디론가 계속 몰고 다녔다. 그 상황들은 언제나 나에게 새로운 메시지를 던졌고, 나는 그 질문의 화살들에 스스로 반응하지 않을 수 없었다. 그 상황이 항상 유쾌한 것은 아니었고, 불확실성이 때론 긴장을 만들기도 하였지만, 삶이 지루할 틈은 없었다. 이것은 나에게 주어진 선물이었다.

하리드와르Haridwar. 이곳은 인도 북부 우타르칸드Uttarkhand 주州에 있는 힌두 4대 성지 중의 한 곳이다. 이곳과의 인연은 1995년 4월에 시작되었다. 이른 아침 어느 날, 친구와 나는 기차에서 잠이 덜 깬 상태로 하리드와르 기차역에 지친 몸을 내려놓았다. 지금도 크게 나아진 것은 없지만, 역 앞은 허름한 건물과 마차와 릭샤, 그리고 오가는 인파로 어수선한 곳이었다. 당시 우리의 행선지는 이곳이 아닌, 30킬로미터 가량 떨어진 리쉬케쉬

Rishikesh였기에 별다른 관심 없이 이곳을 그냥 지나쳤다. 그리고 13년이 지난 2008년 6월, 나는 하리드와르역 앞의 한 호텔에서 입학시험을 준비하고 있었고, 이곳과의 인연을 새롭게 시작하고 있었다.

Dev Sanskriti Vishwavidyalaya(거룩한 문화 대학)의 캠퍼스에서 3년을 지내고, 더 이상 수업이 없는 관계로 학교와 인접한 마을로 방을 얻어 나왔다. 하리뿌르Haripur, 이곳은 리쉬케쉬에서 흘러 내려오는 갠지즈강을 옆에 끼고 있는 조용한 시골 마을이다. 아쉬람(힌두사원)이 반, 민가가 반인 특이한 구조를 가진 곳이다. 이곳 마을 아이들은 사두(힌두 수행자)들을 상인들보다 더 많이, 그리고 자연스럽게 접하며 성장한다. 나는 이곳에서 4년을 지내며 학업을 마무리하였는데, 마을 사람들에게 나는 그저 외국인 사두 중 하나로, 특별한 것 없이 자연스럽게 그들의 삶에 묻어나고 있었다.

인도 시골 마을에서의 생활이 처음은 아니었다. 1997~2000년까지 티벳 망명 정부가 있는 다람살라에서, 티벳 사람들이 살지 않는 인도 마을에서 3년을 산 경험이 있었다. 학교 캠퍼스를 나와 굳이 마을로 들어온 이유도 그때의 기억이 크게 작용했다. 시골 사람들과의 생활엔 훈훈함과 편안함이 있다. 긴 세월, 고향을 떠나 있어야 했던 나는 그런 따스함이 그리웠는지도 모르겠다. 시골 사람들의 삶엔 성실함과 신뢰가 있다. 복잡한 계산이 아닌,

액면 그대로의 삶이 있다. 나는 그 단순함이 좋다.

세 들어 사는 방은 다가구 주택이었고, 일년 중 우기를 피해 히말라야로 달아나는 한 달을 제외하고, 외적으로는 늘 같은 일상이 반복되는 삶이었다. 그저 먹을 쌀이 있고, 몸을 누일 수 있는 침대가 있다는 사실에 감사하며 기뻐하는 나날이었고, '내 삶에서 언제 이런 평화와 여유로움을 누릴 수 있을까?'를 생각하면 순간순간이 절절해지는 그런 시간들이었다. '그러나 이 순간들은 지나가겠지. 어느 날, 나의 기억의 빛이 바래고, 그 빛줄기를 따라 잡을 기력이 다하는 그 날.' 모든 것이 세상에 남지 않을 그 날이 오겠지만, 그러기에 더 아름답고 소중한 순간들이었다.

지난 겨울, 출판사 측으로부터 우파니샤드로 작업을 해보자는 제안을 받았을 때 나는 아무런 준비가 되어 있지 않은 상태였다. 그러나 출판사에서 우파니샤드가 대중들에게 좀 더 가까이 다가갈 수 있는 계기를 만들어 보자며 핵심적인 경구 일부를 골라 주는 등 적극적인 모습을 보여 주었다. 이 책은 그렇게 시작되었고, 삶의 장면은 하리뿌르에 앉아 우파니샤드를 읽던 그 시간으로 되돌아가고 있었다.

우파니샤드는 인도에서 발생한 모든 정신문화의 방향성을 제공하는 문헌이다. 그것이 사실이라면, 우파니샤드의 생명은 오늘날 그들의 삶에 생동하고 있어야 한다. 그래서 경구에 대한 해설과 함께 그들의 삶의 모습에 그 생명을 담아보고 싶었고, 하리뿌르에서의 나의 경험이 이번 기회를 통해 다시 살아날 수 있었다. 이 책에는 시와 몇 가지 글이 나오지만, 지니와 빠룰의 이야기가 주된 흐름을 이어간다. 사건의 배경과 등장인물은 실제이지만, 사건의 대부분은 만들어진 허구이다. 작업을 하는 기간 내내, 나는 다시 하리뿌르로 돌아가 있었다. 안마당을 뛰어다니던 로저, 따누와 삐후 모녀, 힘들 때마다 유일하게 나를 위로해주던 강가(갠지즈). 4년이라는 짧은 시간이었지만 그들은 나에게 너무 많은 선물을 주었다.

우파니샤드가 쉽지 않은 내용인 것은 분명하다. 더구나 일반인을 대상으로 이 난제를 설명하자니, 보통 일이 아니었다. 경구에 대한 설명이 난해하다 할지 모르나 최선을 다한 결과이고, 부족함이 있다면 저자의 무능으로 인한 것이다. 그래서 내용의 이해를 위해 다른 접근을 시도해 보았고, 에피소드가 곁들여지게 되었다. 그래도 이해하는 데 어려움이 남기는 마찬가지다. 독자들의 혜안慧眼이 저자의 부족함을 메우고, 후대의 더 명확한 해설자의 작업을 기대해 본다. 그래서 우파니샤드가 우리 사회에 더 친숙해지고 널리 읽히는 문헌이 되었으면 하는 바람이다.

이 책의 첫 단추를 끼워준 출판사 측에 깊은 감사의 마음을 전한다. 그리고 이 책에 등장하는 많은 하리뿌르의 가족들과 친구들에게 고마움을 전한다. 모두가 애정을 가지고 나에게 전해준 그들의 삶이 있었기에 이 글이 세상에 나오게 되었다. 나이가 들면서 세상은 혼자 사는 것이 아니며, 자신만의 힘으로 사는 것이 아님을 더욱 절감하게 된다. 우파니샤드의 메시지도 그 사실을 전해주고 있다. 우리는 하나이며, 곧 전체라는 사실을.

2016년 7월

어느 비 내리는 날, 배철진

지나와 빠올의

우파니샤드

우파니샤드 기원문

Aum,
That is full, this is full.
The full comes out of the full.
Taking the full from the full, the full itself remains.
Aum,
Śānti, Śānti, Śānti

옴,
저것은 충만하고 이것 또한 충만하다.
충만은 충만에서 기인하고,
충만이 충만으로부터 나오니, 충만함만 남는구나.
옴,
평온, 평온, 평온

< Īśa Upaniṣad Invocation >

이샤 우파니샤드

1

지니는 외국인 유학생으로 인도 하리푸르 마을의 샤르마 집에 방을 얻어 살고 있는 남자다.

삐후는 생후 8개월 된, 지니의 앞방에 사는 여자 아이이다. 그녀의 엄마는 갓 20살인 따누. 삐후는 건강하고 예쁜 애다. 그리고 심히 똑똑하고 호기심이 많다.

따누: 어~~, 바빠요~~? 빨래를 좀 해야 하는데, 삐후 좀 봐주세요.

지니: 뭐, 그래요.

삐후는 온 방안을 기어다니며 탐색 중이고, 지니는 책을 보며 힐끔힐끔 감시 중이다. 한참이 지났을까, 매일 노는 자기 놀이터라 삐후는 곧 싫증을 낸다. 이제 울기 시작한다. 분명 방안이 재미없어 밖으로 나가자는 신호다. 지니는 장난감 아닌 각종 장난감(?)

을 들이대지만 소용이 없다. 그렇다고 삐후를 데리고 밖으로 나갈 수도 없다. 그곳은 50도(°C)를 오르내리는 지옥이다. 삐후가 오줌을 쌌다. 이 단계까지 오면 최상이다. 오줌을 싸면 언제나 엄마에게 돌아간다는 공식을 알고 있기 때문이다. 하지만 오늘은 삐후의 울음소리에도 아직 엄마인 따누가 달려오지 않는다. 단단히 작정을 한 것일까? 모두들 삐후의 작전을 알고 있기에.

따누가 오지 않자, 지니는 삐후를 화장실로 데리고 가 간단히 씻기고, 삐후의 바지를 갈아입힌다. 울음소리는 더 커졌고, 삐후는 문쪽으로 기어가 방충문을 붙들고 가끔씩 지니를 돌아보며 울음의 멜로디를 이어간다. 우는 것이 아니라 우는 시늉을 한다. 삐후는 '이 정도면 엄마가 와야 되지 않아?' 하는 표정이다. 오늘은 공식대로 되지 않자 더 짜증을 내는 기색이다. 그런데 갑자기 울음이 그쳤다.

'아니 뭐야?'

지니가 오히려 당황스럽다. 삐후의 표정이 순간 일그러진다. 그리고……

삐후는 아래를 내려다본다. 뭔가 기분 나쁜 것이 바지 속을 스멀스멀 기어가는 듯.

지니가 보기엔……

뭔가가 흐른다.

그래, 큰 것을 진행시키는 중이다. 방금 소변을 해결했는데…….

지니는 삐후를 데리고 다시 화장실을 갔다 오고, 삐후는 한 옥타브를 더 올렸다.

하늘이 도왔나? 따누가 달려온다.

지니는 어지러운 방을 치우고, 침대에 잠시 몸을 뉘었다. 앞방이 조용하다. 궁금해 슬쩍 나가본다.

삐후는 엄마의 품에 안겨 새근새근 잠이 들었다.

'오늘 새로운 능력을 하나 더 개발했고, 결국 승리했다'는 듯, 삐후의 얼굴엔 만족감이 흐른다.

엄마 따누도 더 없이 편안하다.

〈 이샤 5 〉

It moves and It moves not;

It is far and It is near;

It is within all this and It is also outside all this.

그것은 움직이며, 또한 움직이지 않으며,

멀리 있으며, 동시에 가까이 있고,

이 모든 것 안에, 그리고 모든 것 밖에 있네.

움직이는 것은 세상, 곧 변화하는 모든 것이 포함되는, 우리가 알고 있는 지구와 태양계, 나아가 전 우주를 가리키며, 현상의 세계라고도 한다. 움직이지 않는 것은 비-현상, 곧 변화를 허용하지 않아 일반적인 우리의 감각에 포착되지 않는 감추어진 영역이다. 인간의 감각은 변화만을 알아차리기 때문이다. 이 경구에서 '그것'이란 우리의 감각에 감추어진 것과 세상을 모두 포함하는 '전체성'을 의미한다. 종교적으론 신神이나 불성佛性과 같은 용어와 대치시키고 싶은 유혹을 느낄 수도 있겠으나, 이것은 단순히 산술적으로 현상과 비-현상을 합친 것이며, 그래서 '전체'라 표현한다.

인간이 충만하지 못한 것은 전체성을 놓치고 있기 때문이며, 변화하는 세상은 끊임없는 상실을 발생시키는 구조를 가지고 있다. 우리가 어느 지점에 서 있든, 다음 순간 그 지점을 내어 놓아야 한다. 이것이 인간에게 상실감을, 고통을 안긴다. 변화하는 현상 속에 충만은 없다. 그래서 충만을 위해선 다른 무엇이 필요하며, 게다가 변화는 변화하지 않는 것을 바탕으로 가능하다. 변화의 영역 밖에서 변화를 가능하게 하는 그것은 현상의 '배경'이다. '배경'이란 움직이지 않는 것, 변화하지 않는 것, 감각으로부터 감추어진 것, 전체에서 변화를 뺀 것, 변화를 떠받치는 그것이다.

그래서 이것을 '배경'이라 말할 수밖에 없다. 배경은 신비한 마법의 영역도 아니고, 천국이나 극락이 존재하는 영역도 아니며, 신들의 놀이터는 더욱 아니다. 배경은 그저 배경이다. 변화를 허용하는 바탕이다. 변화와 배경이 하나가 될 때 그것을 전체성이라 부른다. 전체성이 배경과 현상을 품는다. 그래서 전체성은 움직이며, 또한 움직이지 않는다. 멀리 있으며, 또한 가까이 있다. 이러한 개념적 역설은 '전체성'에서만 가능하다. 이원성이 비로소 극복되는 차원이다.

아름다운 불꽃놀이는 어두운 밤하늘이, 자유로운 물고기는 바닷물이 있기 때문에 가능하다. 아름다운 꽃과 나무와 새들, 산들거리는 바람과 따스한 햇살, 뛰어다니는 각종 동물과 벌레들, 깔깔대는 아이들과 밭을 가는 농부들, 이 모두는 그들의 존재가 표현되도록 허용하는 장(field), 곧 들판이 있기에 가능하다. 들판은 '배경'이다. 세상의 모든 것은 이 들판에 너울대는 하나의 춤이다.

들판이 춤은 아니지만, 들판은 춤을 가능케 하는 모태이다. 그래서 들판은 움직이지 않으나, 춤을 춘다. 들판은 아득히 펼쳐져 있으나, 동시에 귓가에서 속삭인다. 그래서 들판은 모든 것 속에 깃들어 있으며, 동시에 그 모든 것에 물들지 않는 '배경'이다. 춤이 들판을 가득 채울 때도, 날아다니던 춤이 내려앉았을 때도 '배경'은 그 모두를 품고 있다. 현상인 춤은 갓난아기이며, 배경은 그 어머니의 품이다. 아기가 어머니의 품에 안겨 있을 때, 이것이 전체성이다.

2

오전에 산지브와 라지스가 지니의 방에 놀러 왔다. 그들은 유학생 지니의 대학 동창생들이다.

한여름이라 오전부터 더웠고, 천정의 선풍기는 열려진 모든 문을 통해 자신의 거친 숨을 몰아내고, 세 남자는 어떤 주제를 가지고 방안의 열기를 더해 가고 있다.

앞방에서 나직이 따누의 목소리가 들려온다.

"삐후가 자고 있어요."

셋은 급히 목소리를 낮추었으나, 잠시 후 그들의 머릿속에 따누와 삐후는 사라지고 없다.

시간은 흘러 점심 때를 넘기고, 마침내 지니의 배꼽시계가 울리고 있다.

이 때,

따누가 방충문을 두드린다.

세 친구는 머리끝이 쭈뼛 선다.

…………………….

"알루 빠란따(속에 감자를 넣어 만든 빈대떡 모양의 인도 음식)! 점심은 먹어야지~~, 고명하신 선생님들."
"응~~, 고마워요."
말이 많았던 셋은 겸연쩍게 알루 빠란따만 씹고 있다.
지니는 속으로
'그래~~, 인간은 우선 먹어야 살아. 알루 빠란따가 최고!'
그리고 그의 배꼽시계도 고요해져 간다.

〈 이샤 9 〉

Into blinding darkness enter those who worship ignorance and those who delight in knowledge enter into still greater darkness,
as it were.

무지無知를 숭배하는 자, 맹목의 어둠으로 빠져들 듯,
지식 속에 기뻐하는 자, 더 큰 어둠으로 빠져드네.

원문에서 무지는 제의祭儀적 신앙심을, 지식은 신神들에 관한 지식을 의미한다. 전자는 이치에 맞지 않는 전통을 고집하는 신앙행위를, 후자는 체험과 삶이 아닌 개념 혹은 생각 안에서만 움직이는 단편적인 정보들을 가리킨다.

이 경구는 각 종파의 제의적 행위들이 모두 잘못되었고, 철학이나 형이상학적 개념들이 가치가 없음을 지적하는 내용이 아니다. 인간은 오감을 통해 반응하는 육체를 가진 존재이고, 생각과 사고를 통해 추상적인 내용을 구사하는 능력을 가진 정신적 존재이다. 우파니샤드의 정신은 세상을 거부하지 않는다. 디디고 있는 땅을 느끼며, 성장해야 할 저 높은 곳을 바라볼 뿐이다. 그러나 우리가 도달해야 할 그 지점은 기계적 제의와 머릿속에서만 춤추는 지식을 통해서는 접근할 수 없는 곳이다. 개념을 통해 그 지점에 대한 어떤 실마리를 얻었다면, 제의적 행위이든 일상의 삶이든 그 속에서 우리는 단편적 지식들을 살아 있는 지혜로 만들 필요가 있다. 인간은 생각으로만 만족하거나 충만해질 수 없는 존재이기 때문이다.

오늘의 현실은 정보와 지식이 넘치는 세상이다. 수많은 위대한 경전들과 사상들을 단 몇 분만에 찾아서 읽을 수 있다. 그러나 세상이 더 밝아지지 않음에 모두 공감하는 것은 그 내용들이 어려워서가 아니라, 그것들이 도서관에서 글로, 컴퓨터의 기호로, 뇌 안에서의 기억으로만 남아 있기 때문이다. 수천 년 전의 이 경구는 이러한 오늘의 현실을 정확히 지적하고 있다. 경구는 우리에게 행위하기를 강력히 요구하고 있다. 단순한 몸부림이 아닌, 성장이라는 '방향성을 가진 행위'를 요구한다.

3

니띤은 따누의 남편, 삐후의 아빠다. 그는 인도 최상위 계급 브라흐민이지만 아버지 때부터 줄곧 가난하다. 릭샤(오토바이나 자전거를 개조한 인도 대중교통 수단 중 하나)를 운전하다가 요즘은 음료수 배달 트럭을 운전한다. 쉬는 날엔 가끔씩 아르바이트로 관광 승용차도 몬다.

어느 날 저녁, 앞방이 시끄럽다. 저녁을 일찍 먹고 심심하던 지니는 슬쩍 건너가 본다.

니띤과 따누가 힌디로 뭔가를 열심히 토론 중이고, 지니는 비스듬히 침대에 기대어 삐후와 장난을 친다.

한참 후, 니띤이 자기들의 토론을 설명해준다.

니띤은 관광 승용차 운전을 하고 싶어한다. 단가는 높지만 일이 안정적이지 않다. 그런데, 아쉬람(인도 수도원)에 일자리가 났다. 수입은 고정적이나 임금은 높지 않다. 니띤은 영업용 차를 운전하는 것이 경제적으로 낫고, 장래엔 자기 차로 운영하고 싶은 포부를 주장했다.

그러나 따누는 달랐다. 아쉬람 일이 임금은 낮지만, 니띤(현 22

세)이 나이가 들면 수입도 더 많아지고, 사회적으로 브라흐민에 맞는 품위를 유지할 수 있다는 점을 강조했다. 아이들 교육에도 좋다는 것이다. 니떤은 경제적 측면만을 고려했고, 따누는 가족과 아이의 미래까지 생각하고 있었다.

며칠 뒤,

그들의 결정은 아쉬람으로 났다.

그 결정에 지니도 고개를 끄덕이며,

"그래, 사람이 밥만 먹고 사니? 우리 지출을 보면, 밥 먹는 데는 얼마 들지 않아.

그 외에…… 폼 나는 거 있잖아! 뭐 그런 거…… 아무튼, 우리는 뭔가 더 크고 전체적인 것을 원해."

니떤, 따누, 지니는 저녁을 같이 먹고,

뻬후는 침대에 누워 우유통을 빨고 있다.

〈 이샤 11 〉

Knowledge and ignorance,
he who knows the two together crosses death through ignorance
and attains life eternal through knowledge

지식과 무지를 함께 아는 자,

무지로써 죽음을 건너고,
지식으로써 불멸의 삶을 얻네.

여기서 무지無知란 일반적 의미의 무지가 아니다. 변화하는 현상에만 근거해서는 항상 부분적이고 대립 항을 만들어내는 단편적 지식 밖에 얻을 수 없다. 인류의 그 많던 과학적 지식과 사회적 원리들이 시시각각 도전 받고 뒤집히는 현실이 펼쳐지고 있다.

변화와 그 배경을 함께 포함한 전체성에 닿아 있지 않은 지식과 정보는 곧 무지와 같다. 언젠가는 의미 없는 것으로 전락할 것이 분명하기 때문이다. 그리고 이 경구에서 지식이란 전체성에서 오는 지혜를 가리킨다.

인간은 다양한 차원에 속해 있다. 우리의 오감에 감지되는 거친 물리적 세계와 인간의 몸, 그리고 오감으로는 감지되지 않는 미세한 물리적 세계와 마음과 정신활동이라는 추상적 영역까지 인간이 속한 차원은 다양하다. 또한 인간은 위에서 나열한 현상의 차원과 변화를 허용하지 않는 배경의 차원에도 걸쳐 있는 존재이다. 그러므로 인간에겐 전체성이 깃들어 있다.

인류 역사의 모든 종교와 현자들이 한결같이 전해주는 내용은 '인간은 신의 자녀이며, 불성을 가졌고, 해방을 맞이할 수 있다'는 것이다. 인간은 현상의 차원과 배경의 차원 모두를 필요로 한다. 현상에 대한 지식과 배경에 대한 지혜가 인간을 유지하고 그 성장을 돕는다. 자연 현상에 대한 지식(위에서 언급한 무지)은 인간이 생물학적 죽음을 극복하고 생존할 수 있도록 도우며, 배경에 대한 지혜(위에서 언급한 지식)는 인간이 영적 성장을 이루고 해방을 얻어 전체성과 하나되게 한다. 경구가 말하는 불멸을 얻게 된다. 모든 것은 각각의 역할과 쓰임이 있다.

대양을 항해하는 선박에는 다양한 임무를 맡은 선원들이 필요하다. 식량의 한계와 중량을 줄여야 하는 선박에서 제 역할을 하지 못하는 것은 당장 바다 속에 버려진다. 선박에서 잉여의 존재란 공동체의 생명을 위협하는 적이다. 그러므로 허용된 구성원은 아무리 하찮게 보이더라도 그 역할이 뚜렷하다. 그가 없으면 순탄한 항해가 어렵다. 세상의 지식은 자체로 쓰임이 있는데, 우리의 일상을 풍요롭게 하고, 생물학적 생명을 유지시킨다. 이것으로써 우리는 무수한 생물학적 죽음의 강을 건넌다. 그런데 자연에 대한 지식이 생물학적 생명을 아무리 연장시킬 수 있다고 하나 그 한계가 있으며, 또한 인간은 생물학적 생명의 연장에 만족할 수 없는 존재이다. 인간은 보다 확장된 차원을 갈구한다. 전체성에 입각한 안목만이 이 근원적 갈구를 해소할 수 있다.

우리는 모든 차원의 지식이 필요하다. 세상은 어느 것은 선善으로 취하고, 어느 것은 버려져야 될 악惡의 근원이 아니다. 물리적 세상을 버리고 영적인 차원만을 얻고자 하는 것은, 배설은 하지 않고 먹기만 하는 어처구니없는 행동이 아닐까? 우리가 고통이라고 하는 이 거친 세상이 인간 여정의 출발선이며, 또한 그 여정이 끝나는 순간까지 우리에게 자양분을 공급할 토양이다. 통합된 지식이 우리에게 전체성에 대한 안목을 제공한다. 이 경구는 물리적 세계의 중요성을 강조하며, 동시에 인간이 통합된 존재, 전체성을 가졌음을 일깨운다.

4

사비따는 따누와 지니가 세들어 사는 집의 안주인이며, 시市 직할인 이 지역 선출직 관구장이다. 그녀의 남편 샤르마는 사립학교와 각종 사업을 운영하며 관구장인 아내를 외조한다.

어느 날, 시에서 빈민들을 위한 구호품으로 미싱 20대가 이 관할구에 할당되었다. 사비따는 고민이다. 자칫 불공정하게 분배하였다간 민심을 잃고, 다음 선거에 치명타를 입을 수 있기 때문이다. 며칠 동안 매일 사비따의 마당에 사람들이 모여 열띤 토론과 주장을 펼친다.

한 무리는 가난한 순위로 나눠줘야 한다고, 또 한 무리는 미싱 일을 할 수 없는 집은 제외되어야 한다고, 또 한 무리는 계급(카스트)이 높은 집은 제외되어야 한다고, 또 한 무리는 무엇으로 가난한 순위를 정할 수 있느냐고 따진다. 사비따는 머리가 쪼개질 지경이다.

가난하지만 영특한 따누가 집 주인이며 관구장인 사비따를 찾아가 조언한다.

따누: 이모님~, 제게 한 가지 묘안이 있는데요~!

사비따: 뭔데? 정말 그런 게 있니?

따누: 우선 정부에서 미싱이 나왔으니, 이것은 분명 미싱 일을 할 수 있는 가정에 도움을 주기 위한 것이 분명해요. 그렇지 않으면 왜 쌀이나 기름이 아니고 미싱이겠어요?

사비따: 그래~~, 맞아! 이제 한 무리의 주장을 만족시킬 수 있겠군.

따누: 낮은 카스트 사람들에게만 나눠주면, 다음 선거에서 굉장히 위험해요. 상위 카스트 사람들이 선거에 영향력이 많잖아요. 잘 생각하세요.

사비따: 그래, 모든 카스트에 균등 분할해야 안전해. 뒷말이 없거든. 그러면, 어떻게 가난한 순위를 정하지?

따누: 우선, 자기 집을 가진 사람은 무조건 제외하세요. 둘째, 가장의 나이가 어린 순서로 우선권을 주세요. 셋째, 부양할 부모와 아이들이 많은 순위로 하세요. 그리고 그 다음은 추첨으로 하세요.

사비따: 아주 멋져. 그 정도면 모든 불평을 잠재울 수 있겠군. 고마워, 너에게 뭐라도 해줘야 하는데…….

따누: 아니에요. 전 그저 이모님이 안쓰러워서…….

다음 날, 미싱 분배는 아무런 잡음 없이 무사히 완료되었다.
그리고 따누도 한 대 할당받았다.

브라흐민 계급 중에 집이 없고, 시어른을 모시면서 아이가 있고, 신랑의 나이가 22세 이하인 가정은 따누가 유일했기 때문이다. 따누는 회심의 미소를 짓고 있다. 반면, 사비따는 뭔가 석연찮은 표정이다.

'일은 잘된 것 같은데… 그런데………'

〈 이샤 12 〉

Into blinding darkness enter those who worship the unmanifest and into still greater darkness,
as it were, those who delight in the manifest.

명확하지 않음을 숭배하는 자, 맹목의 어둠으로 빠져들 듯,
명확함 속에 기뻐하는 자, 더 큰 어둠으로 빠져드네.

이 경구는 〈이샤 9〉에 대한 부연 설명이며, 〈이샤 11〉에서와 같이 거듭 통합에 대해 강조하고 있다. 여기서 명확하지 않음은 모든 차원이 뒤섞인 혼돈의 인간 행위를, 명확함이란 그 혼돈에서 질서를 꿰뚫는 일련의 논리적 앎을 지칭한다. 경구는 한쪽으로만 치우친 양극단을 모두 비판하며, 논리적으로 다음 단계인 통합을 암시하고 있다. 이 통합을 이루고 인간을 어둠에서 건져 올릴 구조의 손길은 어디 있는가?

행위는 명확함을 바탕으로 이루어져야 한다. 이것은 행위의 방향성이 일관되어야 함을 의미하지만, 이 명확함이나 일관성만으로는 부족하다. 그 행위의 방향성이 어디를 지향하고 있는가를 살펴야 한다. 이것이 행위의 전체적 맥락을 이해하는 것이다.

우리는 매일 행하는 많은 업무나 행위가 어떤 맥락에서 어디로 향하고 있는가에 대한 분명한 인식이 있어야 한다. 그리고 그 행위들이 상호 모순은 없는지, 목표를 향해 얼마나 조화를 이루고 있는가를 고려하여 검토해야 한다. 인간의 삶에 순간순간 이러한 전체적 조율이 없다면 존재의 만족도는 높을 수가 없다.

인생의 바른 방향성은 우리의 바라봄이 전체성에 닿을 때 드러난다. 통합의 첫발은 전체성에 대한 인식과 그 필요의 절실함에서 시작된다.

주방장은 자신의 칼질이 무엇을 의도하고 있으며, 어디로 가고 있는지를 명확히 안다. 칼날이 자신의 손과 음식 재료를 혼돈한다면, 이것은 크나큰 재앙이 될 것이다. 행위와 행위의 방향성이 전체성이라는 목적으로 나아갈 때, 행복한 요리가 완성된다. 각 단계의 모든 요소가 적정을 이룰 때 조화로운 맛이 어우러지는 것이다.

이처럼 함께하는 조화 속에서 전체성이 드러난다. 논리적 앎이 전체성이 아니다. 전체성이란 하나에 치우치지 않음, 곧 다양성과 통합이다.

께나 우파니샤드

5

8월 15일.(인도는 제2차 세계대전 이후 영국으로부터 독립을 이루었는데, 이 날을 독립기념일로 기리고 있다)
박사과정에 있는 지니는 일이 있을 때만 학교(DSVV)를 찾는데, 모처럼 독립절 행사에 참석하기로 했다.
기념식이 시작되고 귀빈들이 자리를 잡는다.
교수들은 한쪽에 따로 자리가 마련되어 있고, 지니의 학과장인 수레쉬는 가장 뒷줄 한쪽에 앉았다.
'아니, 저 양반이 왜 저기 앉았지. 이 학교에서 가장 힘 있는 학과의 장이면서….'
지니는 내심 수레쉬의 행동이 마땅찮다.
지니의 몸은 행사장에 있으나, 머릿속에선 수레쉬의 행동에 대한 원인 추적에 바쁘다.

'……. 그래, 수레쉬의 카스트가 낮기는 하지…….

그가 학과장인 것도 이 학교나 재단이 아니면 불가능한 일이고,

그나마, 워낙 그의 실력이…….'

지니는 나름 이유를 분석 중이다.

'법적으로 부정되는 신분의 장벽이 현실에 고스란히 존재하고 있으니…….'

지니는 보이지 않는 사회적 관습에 섬뜩하다.

'이 사회를 떠받치는 힘이 신분제도에서 출발한단 말인가?'

기념식이 끝나고 지니는 수레쉬를 찾아 인사를 나눈다.

지니: 안녕하세요, 교수님!

수레쉬: 오~, 지니, 잘 있었나?

지니: 그런데…… 교수님, 오늘 교수님을 보고 생각이 많았는데요…….

지니와 막연한 사이인 수레쉬는 이미 지니의 생각을 꿰뚫고 있다.

수레쉬: 자네의 느낌은 알아. 우리 사회는 매우 복잡하지.

지니: 솔직히…… 겸손하신 거예요? 몸을 사리시는 거예요?

수레쉬는 지그시, 그러나 환한 미소를 지으며,

수레쉬: 사회 속에 자신을 가두어 두면, 자유란 세상 어디에도 없어.

〈 께나 I.2 〉

Because it is that which is the ear of the ear, the mind of the mind,
the speech, indeed of the speech, the breath of the breath,
the eye of the eye,
the wise, giving up (wrong notions of their self-sufficiency)
and departing from this world, become immortal.

그것은 귀의 귀, 마음의 마음, 말의 말, 숨의 숨, 눈의 눈 때문이네,
현명한 자는 자신이 충만하다는 잘못된 생각을 버리고,
이 세상을 벗어나 불멸의 영역과 하나되네.

이 경구는 '누구에 의해 세상이 시작되었나?'에 대한 대답으로, 우리의 감각 이면에 그 감각적 변화를 가능케 해주는 귀의 귀, 눈의 눈이 있다고 한다. 이와 같은 또 다른 귀와 또 다른 눈이 드러나는 현상을 떠받치고 있는 배경이다. 그러므로 배경은 드러남이 시작되기 전의 드러나지 않음이다. 현상이 가능하도록 시간과 공간을 열어젖히는 비-현상이다. 마음과 말과 숨은 배경과 함께 비로소 시작된다.

우리가 듣고, 보고, 생각하는 것은 무엇일까?

이것은 어디로부터 오는가?

왜 지금 '나'에게 일어나고 있는가?

아무리 따져 봐도 이것이 '지금 여기'에 반드시 일어나야 할 당위성을 찾을 수 없다. 애초에 '당위성'이란 없어서 그런 것일까? 누구는 금수저를 물고, 누구는 흙수저를 물고 태어나는, 시작부터 공평하지 않은 세상이다. 윤회를 믿는 혹자는 "전생의 업이……"라고 말할지도 모른다. 그것이 사실이든 아니든, 지금 나에게 무슨 소용이 있나? 고통이라는 흙수저를 이미 물어버린 '나'라는 상황인데…….

'나'는 아무리 발버둥을 쳐도 흙수저를 물고 있다. 뱉을 수가 없다. 이 상황을 벗어날 길은 없는가?

흙수저를 어찌할 수 없다면, '나'를 어찌하여야 한다.

'나'를 어쩌란 말인가?

'너'는 누구인가?

'너'의 귀는 너의 귀가 아니며, 너의 마음은… 너의 눈은 너의 눈이 아니다.

'나의 것'이라는 생각이 '나'를 만들고 있다.

'나'가 문제의 시작점에 놓여 있다. 경구는 현명한 자는 '자신이 충만하다'는 생각을 버린다고 한다. 충만이 있다. 그러나 '내'

가 충만한 것이 아니다. 규정된 '나'는 결코 충만에 이를 수 없다. '나'는 스스로를 한계 짓는 울타리를 가지고 있기 때문이다.

충만은 경계가 없는 전체성에서만 가능하다. 충만은 스스로 여여한 것이지, '누구'의 충만은 성립되지 않는다. 충만 속에선 '나'와 '너'가 존재하지 않기 때문이다.

'나'는 전능자가 아니다.
'나'는 충만하지 않다.
'나'는 그저 생각일 뿐이다.
'나'는 심리적 울타리이다.

내가 듣고, 생각하고, 말하고, 숨쉬고, 보는 것이 아니다. 그저 들음이 있고, 생각이 있고, 말이 있고, 숨이 있고, 봄이 있다. 흙수저를 문 자도 없고, 금수저를 문 자도 없다. 그저 흙수저와 금수저가 세상에 굴러다닌다. 충만이 드러날 때, 수저를 문 '그'는 스르르 세상을 빠져나간다.

'그'라는 것은 이미 불멸과 하나되어 있다. 불멸은 금수저와 흙수저가 흘러나오는 '배경'이다. 배경과 금수저, 흙수저가 어우러져 전체가 된다.

6

조선시대의 학자 사숙제 강희맹 선생이 아들에게 주는 교훈인 '훈자오설訓子五說' 중에 "도자설盜子說"을 재구성한 것이다.

옛날 평생 도둑질을 하였지만 한 번도 잡히지 않은 유명한 도둑이 있었다. 세상을 떠나기 전, 아들에게 그 기술을 전수해야 할 때가 되었고, 하루는 아비와 아들이 어느 집 담을 같이 넘었다. 아비가 소리 없이 금고문을 연 순간, 아비는 아들을 금고에 밀어 넣고 잠근 뒤, '도둑이야!' 소리치고 줄행랑을 놓았다. 모든 사람이 금고 있는 방으로 몰려들었고, 공황상태에 직면한 도둑의 아들은 어떠한 감정의 반응을 일으킬 여유도 없이, 시간으로 계산하기도 힘든 그 짧은 순간에, 총체적 삶의 전환을 맞고 있었다.

늘 든든하던 아비의 발판은 사라지고, 아들은 끝이 보이지 않는 허공 속에서, 생존의 위협을 뒤집어쓴 채, 존재의 밑바닥에 있던 그 무엇을 끄집어 내지 않을 수 없었다. 그것은 '절박함'이었다.

그 순간, 아들은 쥐 소리를 내었고, 사람들이 무심코 금고 문을 열자, 문을 박차고 도망을 쳤다. 도망을 가던 중, 우물을 만나자

한 생각이 스쳐, 옷을 벗어 돌멩이에 휘감고는 우물에 던져 넣었다. 그리고 알몸의 아들은 어둠 속으로 사라졌다. 사람들은 우물에 모여 들었고, 아침을 기약하며 우물을 봉하고 돌아갔다.

악몽 같은 긴장의 어두움을 새벽 여명이 서서히 몰아내고 있을 즈음, 아비는 집 앞 의자에 비스듬히 기대어 따뜻한 차를 즐기며, 멀리서 알몸으로 걸어오고 있는 아들의 모습에 빙그레 미소 짓고 있었다. 아들은 차분히 걸어와 아비에게 큰절을 하였고, 아비는 따뜻한 차 한잔을 권하며 그 절에 답례하였다.

〈 께나 I.3 〉

There the eye goes not, speech goes not, nor the mind;
we know not, we understand not how one can teach this.

눈이 닿지 못하고, 말이 닿지 못하고, 마음이 닿지 못하는 그곳;
우리는 모르네, 우리는 이해하지 못하네,
어떻게 이것을 가르쳐야 할지를.

눈과 말과 마음이 닿지 못하는 그곳은 드러남의 이면에 있는 '배경'이다. '배경'은 가르쳐 질 수 없으며, 삶의 깊은 곳은 학습으로 다가갈 수 없다. '절박함' 속에서의 총체적 전복顚覆만이 길을 보여준다.

7

해 질 무렵, 따누가 지니에게 삐후를 맡긴다.

따누: 옥상에 빨래를 걷으러 가야 하는데, 삐후 좀 봐줘요.

지니: 나도 바람을 쐬고 싶은데 같이 올라가요.

지니는 삐후를 받아 안고 계단을 오른다. 해는 이미 언덕을 넘어섰고 시원한 바람이 코끝을 간질인다.

7개의 가게와 11개의 방을 가진 2층 상가 주택의 옥상은 꽤나 넓다. 지니는 삐후를 어르며 그 녀석의 해맑은 웃음에 모든 걸 잊는다.

따누는 저만치서 빨래를 걷고 있다.

바람에 흩날리는 머릿결,

잘록한 허리 아래로 풍성히 바람을 머금은 바지,

낙천적인 성격마냥 나른하게 움직이는 손놀림,

가끔씩 이쪽을 향해 날리는 상큼한 눈길과 그 미소,

그 모습에 지니는 순간……

삐후를 잊어버린다.

그의 머릿속은 새하얀 하늘이 되고, 그보다 더 하얀 별들이 빛난다.
하얀 별빛은 지니의 속살을,
불그레한 혈색에 가려진 그의 속살을 남김없이 비춘다.

〈 께나 I.5 〉

That which is not expressed through speech
but that by which speech is expressed;
that, verily, know thou, is Brahman,
not what (people) here adore.

말로써 표현될 수 없는 그것이 말의 표현으로 알려지니,
그대여 알라, 그것이 바로 브라흐만임을,
세상이 숭배하는 그것이 아님을.

"뭐 해?" "그저……"
"아~, 멋지다." "그러게……"

인간은 언어 속에 자신의 삶을 얼마나 담아내고 있을까?

언어란 무엇을 담는 그릇이라기보다는, 오히려 어디로 들어가기 위한 버튼임이 더 정확할 것이다. 인간은 말을 하는 존재 이전

에, 뭔가를 감지하고 느끼는 존재이다. 어머니 안에서 배아가 자리를 잡고 성장하는 동안에도, 그리고 세상에 나와 언어라는 표현수단에 익숙할 동안에도 인간은 느끼고 감응하는 존재로 살아간다.

이 기간 동안 자그만 이 생명체는 어디에 닿아 있을까? 일반적으로 어른들은 이 자그만 녀석이 온전히 우리의 세계에 들어와 있지 않다고 느낀다. 아기들은 우리의 세계와는 다른, 어떤 곳에 물러나 있는 듯하다. 보이지 않는 또 다른 탯줄을 통해 아직도 어딘가로부터 영양을 공급받고 있는 듯한 것이. 어른들은 자신이 걸어온 길이지만 낯설다.

언어를 자유롭게 사용하며 소통하는 어른들의 삶도 가만히 살펴보면, 무언가에 잠겨 있으며, 그 내부의 고유한 방식을 통해 세상과 소통하고 있다. 사실 세상에서 언어가 가지는 비중은 지극히 미미하다. 그러나 우리는 일상에서 이러한 메커니즘이 작용한다는 사실을 망각하고, 사소한 말에 감정의 희비가 극심하게 엇갈리고, 이 말을 통해 자신의 행위와 삶을 규정하려 한다.

한편, 언어는 중요한 역할을 가진다. 안개 속에 가려져 있는 미궁의 세계를 대변한다. 그러나 지시하고 대변할 뿐, '그것'이 아니다. 언어는 그곳으로 들어가기 위한 버튼이다. 인간이 느끼고 감응하는 것은 언어가 아니라, 그 이면에 숨어 있다. 인간의 삶은 이면의 '그것'으로 이루어져 있으며, '그것'은 인간의 속살이며 또한 세상의 속살이다. 언어는 이 '속살'이 담겨 있는 예쁜 포장지이며, 그 안의 속살은 달콤하다.

언어는 하나의 기호이며, 속살엔 생명이 깃들어 있다. 그 속살은 드러남과 드러나지 않음의 밀회密會이다. 이것은 현상과 배경의 밀회이다. 그들은 이 밀회를 통해 하나가 되고, 전체성을 이룬다. 경구는 이 밀회를 브라흐만이라 칭한다.

8

집 주인 사비따의 둘째 딸인 빠룰은 19살, 대학 3학년이다. 인도에선 6살이면 학교엘 간다.

작년 가을 지니가 이 집에 이사온 이후 빠룰이 우유배달 담당이었다. 그런데 한 달 넘게 빠룰이 오지 않는다. 지니의 눈을 똑바로 보지 못하는 그날 이후로.

우유는 사비따나 아마(빠룰의 할머니), 막내 아들 쉬바가 가지고 온다.

지니의 창문은 안마당으로 나 있어 샤르마(빠룰의 아버지) 가족의 생활을 여과 없이 내다본다.

빠룰이 우유배달을 않는 이후로, 빠룰이 마당으로 나오면 지니의 의식은 그녀에게 붙들려 버린다.

그리곤 모든 작업과 생각이 세상을 떠나간다.

그녀의 움직임은 분명 지니의 눈길을 알고 있다. 그러면서 애써 그 눈길을 피한다.

그녀는 크레믈린과 같다.

자신은 나타나지 않으며, 온 가족을 동원하여 지니에 대한 정보를 수집한다.

얼마 전, 빠룰의 막내 외삼촌이 집에 왔을 땐 절정에 달했다.

외삼촌을 지니 방에 보내어 아예 취조를 하듯 정보를 캐내어 갔다.

지니는 상황을 파악하지만 모르는 척 그렇게 넘어간다. 지니와 그녀 사이엔 서로가 건너기 너무 넓은 강이 있다.

그녀도 자신이 감당해야 할 몫을 알고 있다. 그래서 확신이 필요한 것이다.

그렇게 시간은 서로의 심장을 뒤틀었고……

오늘 아침,

빠룰이 우유를 가지고 왔다.

"~~어~, 모두 바빠서~~~"

애써 변명까지 할 이유는 없는데……

그녀는 우유를 따르고는 있으나 정신이 없다. 자칫 뚜껑을 떨어뜨릴 뻔했다.

그리곤 허둥지둥 복도를 벗어나 안마당으로 사라진다.

이렇게 둘 사이의 기약 없는 '바라보기'는 시작되었고,

뜨거운 심장의 피가 한 방울 한 방울 서로의 눈길에 담겨 갔다.

드러나는 듯 드러나지 않으며, 샤르마의 안마당에 한 그루의 나무가 자라고 있었다.

〈 께나 I.6 〉

That which is not thought by the mind
but by which, they say, the mind is thought (thinks);
that, verily, know thou, is Brahman
and not what (people) here adore.

마음에 담기지 않는 그것이 생각에 담기니,
그대여 알라, 그것이 바로 브라흐만임을,
세상이 숭배하는 그것이 아님을.

"Cogito ergo sum; 나는 생각한다, 고로 존재한다."는 오랫동안 인간을 규정하는 표현으로 사용되었다. 하지만 이것은 인간 전체가 아닌, 한 부분을 정확히 표현했음은 분명하다.

주민번호 00-00라는 '나'는 생각의 결과물이다. 이것은 가상의 심리적 경계를 가리킨다. '나의 무엇'이 생김으로써, 비로소 주민번호 00-00는 존재한다. 생각이 '나의 무엇'을 만들었고, 비로소 '나'는 존재한다.

'나'라는 생각이 없다고, 주민번호 00-00의 외형이 사라지는 것은 아니다. '나'는 생각의 산물이지만, 인간은 생각을 넘어 광대한 배경에 닿아 있는 존재이다. 인간을 간략히 분류하면, 거친 물리적 요소와 미세한 물리요소인 생각(개념), 그리고 배경이라는 바탕이 인간을 구성하고 있다. 미세한 생각이 멈추어도 거친 물질은 존재한다. 거친 물질이 흩어져도 미세한 생각의 응어리는 떠돌 수 있다. 이 둘은 모두 물질이나, 각자 작용하는 마당(차원)이 다르다.

그리고 이 둘을 허용하는 것이 배경이다. 거친 물질과 미세한 물질은 밤에 100층짜리 빌딩이 서 있음을 알리는 첨탑 위에서 깜박이는 경고등일 뿐이다. 실체는 수백 미터 철골과 모래와 벽돌이다.

인간은 단순히 생체와 생각이라는 물질이 아니다. 눈에 보이는 인간, 오감에 감지되는 인간은 극히 부분에 지나지 않는다. 우주의 대부분이 암흑물질과 암흑에너지로 이루어져 있는 것과 같다. 우리는 생각에 담기지 않는 그 인간의 나머지를 알아 가야 한다.

인간은 드러남과 드러나지 않음으로 이루어져 있다. 생체生體와 생각은 드러남이고, 이 드러남을 허용하는 드러나지 않음이 배경이다. 우리는 손에 잡히는 지구를 떠나 아득히 깊은 어둠의 세계로 탐사를 떠나듯, 드러나지 않는 그 배경으로의 탐험을 떠나야 한다. 드러남에 갇혀 있어서는 배경을 알지 못한다. 드러남과 배경이 함께 할 때, 그것이 전체성이며 브라흐만이다.

9

나른한 일요일 오후, 샤르마의 안마당에 뭔가가 지나다닌다.

'아니, 저 녀석들 혼쭐나게 생겼군.'

지니는 보던 책을 멈추고, 창문을 통해 곧 벌어질 코미디를 기대해 본다.

지나가던 동네 소 네댓 마리가 열려진 쪽문을 통해 안마당에 들어와 풀을 뜯고 있다. 샤르마의 마당은 차가 진입하는 곳 외엔 모두 잔디가 깔려 있고, 담 옆으로 온갖 나무와 꽃들이 즐비하다. 동네 소들에겐 잘 알려진 고급 뷔페 레스토랑이다. 그러나 느긋할 수만은 없다는 점이……

얼마가 지나자, 빠룰이 손에 빗자루를 들고 나타나 흔들어댄다.

"짤루~, 짤루~"

나가라는 뜻이다. 그런데 침입자들은 꿈쩍도 않는다. 빠룰이 빗자루로 그 녀석들의 등을 때리면, 슬며시 엉덩이를 틀며 건너편 나무로 가버린다. 녀석들은 이미 그 정도엔 단련이 되어 있다. 간만의 특별식을 놓치기엔 어림도 없다.

빠룰의 빗자루 춤과 소들의 엉덩이 춤이 '짤루~'라는 소프라노

음률에 장단을 맞춘다.

'누군가 등장할 타임이 되어 가는데……'

오늘은 보조 배역을 맡은 사람이 아무도 없다.

지니는 '설마~~! 내가?????'

신입 배우마냥 지니의 가슴은 콩닥콩닥,

'빠룰 앞에~~…….'

막다른 길이다. 지니는 물밀대를 손에 들고 안마당에 들어선다.

"짤루~~ 짤루~~"

무대는 갑자기 베이스 톤으로 바뀌었으나 침입자들은 커다란 눈만 끔벅인다.

지니는 가장 큰 놈에게 '밀대검술'을 시연해 보인다.

지니의 밀대에 콧방귀를 뀌는 듯, 녀석은 눈을 치켜뜨더니 뿔을 들이대고 달려든다.

움찔.

지니는 순간 겁을 먹었다.

다시 정신을 차린 지니는 보다 과격해진다. 이젠 장난이 아니다.

암컷 앞에서 벌이는 수컷들의 혈투가 시작되었다.

고요한 오페라 공연장은 씩씩대는 투우장으로 변한다.

지니: 아니, 이놈들아~~, 여기가 무슨 무료급식소인 줄 알아?
여기는 인간들의 정원이야, 정원.

꽃과 나뭇잎은 우리가 즐기는 '미학'이야.

소: 아니, 콩 딱지만한 놈이~~, 왜 이 형님의 식사를 방해하는 거야?

이런 맛있는 음식을 자기네들만 먹으려고? 초원엔 힘센 놈이 주인이야. 이 쬐끄만 녀석이~~.

그래, 우리 머릿속에선 미학인지 몰라도, 너희 머릿속에선 훌륭한 식사거리지.

눈에 보인다고 다 진실이 아니고…….

사실, 진실은 있을까?

인간 머릿속의 이미지가 전부일까?

〈 께나 I.7 〉

That which is not seen by the eye
but by which the eyes are seen (see);
that, verily, know thou, is Brahman
and not what (people) here adoer.

눈에 보이지 않는 그것이 눈이 보는 그것으로 나타나니,
그대여 알라, 그것이 바로 브라흐만임을,
세상이 숭배하는 그것이 아님을.

인간이 인지하는 정보의 대부분은 눈을 통해서라고 한다. 과히 '눈은 마음의 창'이라 할 만하다. 우리는 보는 것을 바탕으로 세상을 구성하고, 마음은 이렇게 형성된 뇌신경 안의 이미지의 세계에서 활동한다. 엄밀히 마음이 활동하는 세계는 물리적으로 한 뼘을 크게 벗어나지 못한다. 두개골 밖의 물리세계는 두개골 안의 전기적 이미지와는 상당히 다르다. 둘은 분명 어떤 매개를 통해 소통하고 있으나 같은 세계가 아니다. 인간의 뇌는 사실상 '스마트 폰'과 다르지 않다. 전적으로 코드화된 이미지의 세계이다.

그러나 마음은, 이미지만을 이해하는 마음은, 자신이 한 뼘 밖의 물리세계에 살고 있다는 착각을 한다. 그 착각을 영화 '매트릭스'가 잘 표현하고 있다. 마음이 접하는 세계는 오감五感, 특히 눈을 통해 전달된 파생적 세계일 뿐이다. 대부분의 영역이 눈에 닿지 않으며, 절대 다수의 세계는 어둠에 잠겨 있다. 그러나 인간이 이 이미지 밖의 세계를 모르는 것이 아니다. 인간이 뇌를 통해서만 세상을 인지하는 것이 아니기 때문이다. 누구나 이런 이미지 밖의 세계를 알고 있으며, 이것을 통해 인간이 지탱되고 있다. 단지, 마음이 이미지에 중독되어 비-이미지적 통로를 닫고 있을 뿐이다.

눈이 이해하지 못하는 '행간行間'이 뇌 밖의 세계이다. 뚜렷하진 않으나 강하며, 잡히진 않으나 분명하며, 닿을 듯하나 아득한, 그 어둠의 세계가 뇌 밖의 세상이다. 그러나 이 어둠은 불안의 어둠이 아니다. 익숙하지 않기에 어두울 뿐이다. 이 어둠은 배경에 잠겨 있다. 이 어둠이 배경을 바탕으로 드러날 때, 그것이 전체성이며 브라흐만이다.

10

늘 주위를 맴 돈다.

빠룰은 오늘도 벌써 몇 번을 지니의 복도를 지나다녔다. 방충문을 통해 훤히 들여다보이지만, 결코 안에 눈길을 주는 일은 없다. 아니면, 그 순간을 지니가 못 보는지…….

두런두런 그녀는 안마당에서 따누와 얘기 중이다. 지니의 창을 통해선 보이지 않는다.

한참 후, 빨래를 널 때 드디어 모습을 나타낸다. 건조대는 지니의 창 바로 앞이다.

반소매 헐렁한 티셔츠에 바지는 무릎 위까지 걷어 올렸다. 인도 관습상 과년한 여자는 종아리를 남에게 보이지 않는다.

그런데……

그녀의 종아리는 생각보다 탱탱하고 근육이 있다. 아무리 브라흐민 계층이라지만, 그래도 보기 드물게 너무 하얗다.

문득, 종아리가 가려운 듯 그녀는 살짝 종아리를 긁는다. 그리고 잠시 생각에 젖은 듯.

눈의 호사스러움도 잠시 그녀는 빨래터 쪽으로 몸을 숨긴다.

지니의 가슴이 애끓다 내려앉는다.

…………….

책을 보던 지니의 눈길이 창밖으로 빼앗긴다. 빨래를 마친 그녀가 머리를 감고, 자기 현관 앞에서 햇볕에 머리를 말리고 있다. 중간에 있는 나무로 인해, 지니의 창에선 자기 얼굴이 보이지 않는 미묘한 각도이다. 그녀가 마당에 나와 쉴 때, 지니에게 얼굴을 노출하는 일은 극히 드물어졌다. 나무나 자동차 혹은 다른 사람의 뒤에 늘 숨는다. 의도적이지 않고는 매번 그런 각도가 나올 수 없다.

도대체……

지니는 점심을 준비하고 있다.

"콩콩콩~~"

누군가 방충문을 두드린다.

그녀다.

그런데, 그녀가 왜……?

"어머니랑 뭘 좀 만들었어요."

보기 드물게 화사한 웃음이다. 얼마만인가?

"~~어~, 잘 먹을게요. 고마워요."

그녀는 그릇을 건네기 바쁘게 줄행랑이다. 지니의 입가가 쓱 올라간다. 그래 봐야~~~.

한 번의 기회가 더 있다. 그릇을 돌려줘야 하니까.

그녀의 머릿속에도 이미 계산이 다 끝난 일이다.
그렇게 그녀는 미묘한 거리를 맴돈다.

〈 께나 I.8 〉

That which is not heard by the ear
but by which the ears are heard (hear);
that, verily, know thou, is Brahman
and not what (people) here adoer.

귀에 들리지 않는 그것이 귀가 듣는 것으로 들리니,
그대여 알라, 그것이 바로 브라흐만임을,
세상이 숭배하는 그것이 아님을.

귀에 들린다는 것은 공간적으로 매우 미묘한 거리이다. 눈에 보이는 것은 아주 멀 수도 있다. 피부에 닿는 것은 밀착되어 있음을 나타낸다. 들리는 것은 손에 확 잡히지 않으나, 바로 저기에 있는 거리이다. 이 미묘함이 긴장을 야기한다. 깨어 있지 않으면 그것을 놓친다. 그것은 섬세하고 예민하여 다루기가 무척 까다롭다. 그러나 부드럽고 친밀하여 그것에서 빠져 나오기가 쉽지 않다. 그것은 '유혹'이다. 거부할 수 없는, 심장을 삼키는 유혹이다.

귀에 들리는 것은 많은 것을 숨기고 있다. 일부만이 우리에게

와 닿는다. 우리의 노력이, 우리의 갈망이 그 거리를 좁힌다. 이것은 우리를 길들인다. 우리가 받아들일 충분한 준비가 되었을 때만, 하나하나 자신을 열어 놓는다. 우리는 그것을 상상할 수 없다. 한 번도 우리의 개념 속에 들어온 적이 없기 때문이다. 그것은 개념을 피해 간다. 그러나 그것은 우리의 모공을 지나고, 우리의 혈관을 따라 너울댄다. 깨어 있지 않으면 그 모두를 놓친다. 그 미혹의 속삭임을 놓친다.

우리 인간이 찾는 것은 무엇일까? 우리는 사랑 받길 원한다. 그러나 사랑할 줄 모르는 자는 사랑 받을 줄도 모른다. 그들은 사랑을 받는 것이 아니라, 사랑을 갈취하려 한다. 그들은 '함께 있음'이 아닌, 탐욕과 쟁취만을 이해한다. 사랑은 나누고, 주고, 받는 것이 아니다. 사랑은 무엇의 '이동'이 아니다. 옮겨 가는 것은 아무것도 없다. 우리는 사랑 받길 원하지만, 그럴 수는 없다. 그것은 언제나 모든 곳에 있지만, 우리는 그것을 교묘히 피해 간다. 우리의 생각이 그렇게 만든다.

브라흐만은 '사랑'이다. 그것은 끊임없이 우리에게 속삭이고, 언제나 그곳에 '함께 있다.' 귀에 들리지 않는 그것이 귀가 듣는 것으로 들릴 때, 우리는 깨어 귀 기울여야 한다. 그러지 않으면 그것은 흔적 없이 저 너머로 가 버린다. 미묘한 그것은 연민의 미소를 머금고 그렇게 가 버린다.

11

헐리웃 영화 '캐스트 어웨이Cast Away'에 나오는 내용이다.

한 물류 회사에 다니는 사람이 비행기 사고로 몇몇 배송 물품과 함께 무인도에 표류하게 되었다. 한동안 우여곡절의 무인도 생활을 하던 중, 하루는 조그만 공에 얼굴을 그려놓고 그 공과 대화를 시작한다.

하루 이틀, 그 얼굴은 그에게 마치 살아 있는 친구 같은 존재가 되었다. 결코 자신의 말에 대꾸하는 법이 없었지만, 그것은 중요하지 않았다. 그 공의 얼굴은 늘 그와 함께하는 존재였다.

그에게 그 얼굴은 생명을 가진 '그'였다.

그가 그 무인도를 떠나는 과정에서 그 친구를 잃고 애끓는 울음을 터트리는 장면은…

〈 께나 I.9 〉

That which is not breathed by life,
but by which life breathes;
that, verily, know thou, is Brahman
and not what (people) here adoer.

숨을 쉬지 않는 그것이 생명이 숨을 쉬듯 하니,
그대여 알라, 그것이 바로 브라흐만임을,
세상이 숭배하는 그것이 아님을.

생명이 있다는 것은 무엇을 의미하는가? 생물학적 정의로, 사회학적 의미로 많은 내용이 언급될 수 있다. 그러나 이 모든 공허한 말들을 던져 버리고, 우리는 일상에서 생명을 어떻게 느끼고 감응하고 있는가? 가족으로서 한 공간에 생활하는 그들을 우리는 진정 생명 있는 존재로 대하고 있는가? 그저 돈 벌어오는 직원으로, 아이들 돌보고 아쉬움 해소하는 도우미로, 나의 욕심에 반기만 드는 골칫거리로 여기지는 않는가? 그들을 생명 있는 존재로 대했던 것이 언제쯤이었나? 우리의 일상은 이러한 경계를 크게 벗어나지 못한다.

스스로 말을 하지 못하고 움직이지 못하는 미물과도 우리는 많은 것을 함께할 수 있다. 인간의 심리적 고통은 고립에서 시작한다. 우리는 누군가를 필요로 한다. 비록 사람이 아니어도 애완동물이든, 사이버 상의 동료이든, 이름도 얼굴도 모르는 채팅방의 그 누구를.

그러나 우리와 진정 함께하는 것은 그들이 아니다. 우리의 발바닥 저 아래까지, 우리의 정수리 저 위까지, 우리의 눈길이 닿는 저 건너까지, 우리와 함께하는 그것이 있다. 그것은 숨을 쉬는 듯 쉬지 않는 듯, 우리를 보는 듯 보지 않는 듯, 그렇게 거기에 있다. 그것은 '배경'이다. 숨을 쉬는 그것이 배경과 함께할 때, 그것이 전체성이며 브라흐만이다.

12

샤르마 가족이 마당에서 짜이(인도 우유차)를 즐기고 있다. 사비따가 남편에게 말을 꺼낸다.

사비따: 여보, 우리 세탁기가 오래되었는데, 하나 바꾸면 안 돼요?
샤르마: 멀쩡한데 왜?

샤르마는 금전 문제에 민감하고, 조금 절약형으로 소문이 자자한 편이다.

사비따: 식구도 많은데 용량이 작아서……
이젠 쉬바(막내아들) 녀석의 빨래를 감당하기도 어려워요.
매일 크리켓에 배구에 축구에, 나무랄 수도 없고……
샤르마: 집에 여자가 몇 명인데? 어머니, 당신, 쁘리양까(빠룰의 언니), 빠룰.
아마(할머니): 뭔 얘기여~~, 난 소 여물대기도 힘들어,
네 마누라는 관구장 일로 늘 사람들 만나야지, 쁘리양까는 직장 다니기 바쁘고, 빠룰은 공부해야지, 누가 빨래를 혀

~~?

샤르마: 어머니는 세탁기가 얼마인 줄 알아요?

그리고 가게와 셋집들 합쳐 제가 한 달에 전기세를 얼마나 내는지 모르죠!

웬만한 집 월수입이에요.

쁘리양까: 아빠는 그걸 말이라고 해요? 남들이 들으면 손가락질 해요.

우리 집 같은 데서 웬 손빨래에요, 남들 보기에 검소하다 할는지 몰라도…

아빠가 사람들에게 욕 듣는 것 몰라요?

샤르마: 그래서 그 사람들은 그렇게 밖에 못 살아. 돈 귀한 줄을 모르지.

빠룰: 아빠는 우리가 귀해요? 돈이 귀해요?

돈이에요? 쉬바에요?

쉬바는 테이블 한쪽에서 목을 길게 빼고 발장난만 하고, 일요일 오후 나른한 산들바람에 나뭇잎들만 바스락거린다.

샤르마는 다 식은 짜이를 벌컥벌컥 들이키더니, 바지 호주머니에 손을 푹 찌른 채, 하늘을 보며 대문을 나가 버린다.

온 마당을 달구며 견해들이 난무했던 가족회담은 그렇게 끝을 맺었는데…….

해가 지고 으스름할 무렵,
화물차 한 대가 대문을 밀고 들어온다.
그리고 포장된 세탁기 한 대.

〈 께나 II.2 〉

I do not think that I know it well;
nor do I think that I do not know it.
He who among us knows it, knows it
and he, too, does not know that he does not know.

나는 내가 그것을 안다고 생각지 않으며,
모른다고 생각지도 않는다.
그것을 아는 이는 알며,
그는 그가 모른다는 것 또한 모른다.

"나는 내가 누군지 모르겠어!" 그러나 대부분의 경우 이것은 그저 푸념일 뿐이다. 자기는 자신을 잘 알고 있다고 여긴다. 누군가 자신에게 한 마디 충고하면, 속으로

'아~, 됐어. 그건 아니거든.'

이렇게 발끈하는 것이 우리이다. 우리가 아는 것은 무엇일까? 그리고 그들이 아는 것은 무엇일까? 우리와 그들이 안다는 것은

모두 퍼즐의 단편들이다. 그리고 그 단편들은 '진실'이 아닌, 단지 '견해'들이다.

장님들과 코끼리의 이야기를 우리는 잘 안다. 전체를 보아야 한다는 요지를 담고 있지만, 한 발 더 나아가, '장님이 아닌 이도 코끼리를 제대로 알고 있는가?'라는 질문을 던질 수 있다. 코끼리는 자신을 어떻게 여기고 있을까? 정답을 얻자는 것은 아니다. 정답은 어디에도 없다. 장님의 견해와 우리의 견해와 코끼리의 견해가 있을 뿐이다.

세상은 '진실게임'이 아니다. 견해와 견해가 충돌하고, 견해와 견해가 편을 만든다. 그렇다고 견해가 허접스럽고 불필요한 것은 아니다. 세상이란 그저 떠도는 견해들의 장터이다. 많은 이들이 생산하여 내놓고, 필요한 이들은 몇 개를 골라 사간다. 장터는 '진실'이 모이는 곳이 아니다. '진실'을 찾는 이에게 장터의 행위는 '사기행각'이다. 그래서 그는 분노한다. 자신의 상품이 가장 좋은데, 사람들은 다른 것을 고른다. 그에게 장터는 부조리와 불합리의 향연이다.

견해란 '사실'에 대한 해석이다. 견해는 '사실'을 전제로 한다. 이 '사실'은 생각에 담길 수 있는 성질의 것이 아니다. 떠오르는 태양을 생각에 담을 수 있는가? 사랑하던 이의 죽음을 생각에 담을 수 있는가? 세상은 '사실'이라는 '배경'을 한 움큼 쥐어보는 '견해'들의 놀이이다. 아무리 쥐어도 배경은 그대로이다. 배경을 쥐는 것이 아니라, 그저 손가락의 움직임이 있다. '안다는 것', '모른다는 것', 그것은 마술사의 손놀림이다.

13

해질 무렵, 샤르마가 집에 들어오자 사비따는 신랑에게 집안일을 의논한다.

사비따: 요즘 쁘리앙까가 직장 생활이 힘든가 봐요. 동료들과 충돌도 있고…….

일을 그만두고 싶어하는데…….

샤르마: 돈 벌라고 직장 보내는 거 아니잖아.

세상을 배우고, 성질머리 좀 고치라고 그러는 걸 그 애는 몰라?

사비따: 그 애도 알지만…….

그리고, 쉬바가 요즘 반항이 부쩍 늘었어요. 제 얘기는 지나가는 바람소리 정도로 밖에…….

샤르마: 머슴애들은 그 나이면 다 그래,

심한 것은 내가 한마디 하지.

사비따: 시청에서 각 부서 장관들에게 뭘 건의하거나 상의하면 무슨 핑계와 말이 그리 많은지…….

샤르마: 이 일을 한 지 몇 년인데 아직 그걸 모르나, 다들 뭔가 바라는 게 있잖아.

필요하면 알아서 챙겨주고, 아니면 신경 쓰지 마. 우리가 모든 일을 다 할 수는 없잖아.

그리고, 뭐? 다른 것?

사비따는 짜증이 와락 솟는다.

사비따: 당신은 여자를 몰라도 너무 몰라요.

샤르마: 아니, 왜? 내가 뭘 잘못했나? 뭘 모른다는 거야.

친절하게 꼬박꼬박 대답을 해주는 자상한 사람에게…….

사비따: 내가 답을 몰라, 그 답을 찾자고 이러고 있는 줄 아세요?

샤르마: 아니면, 왜?

사비따: 요즘, 저도 답답하고…… 그저 푸념을 늘어놓을 누군가가 필요한 거예요.

그런데, 당신은 꼭 업무 처리하는 것처럼…….

저는 기계가 아니에요. 당신 부하나 직원도 아니고요.

사비따는 울화가 치밀어 눈물이 나려는 걸 겨우 참고는,

사비따: 저는 지금 위로와 따듯한 눈길이 필요해요. 그것이 다죠.

사비따는 서둘러 이층으로 올라가 버리고, 샤르마는 힘없이 소파에 멍하니 앉았다.

'내가 뭘 모르지? 여자들은 정말 이상해!'

〈 께나 II.3 〉

To whomsoever it is not known, to him it is known;
to whomsoever it is known, he does not know.
It is not understood by those who understand it;
it is understood by those who do not understand it.

그것을 모른다는 자는 알며, 안다는 자는 모른다.
그것을 이해한다는 자에게는 이해되지 않으며,
이해 못한다는 자에겐 이해된다.

함께하는 자는 알며, 생각하는 자는 모른다. 우리가 일상적으로 사용하는 '앎'에는 많은 등급이 있다. 여기서는 가장 심도 있는 앎을 가리킨다. 이것은 대상에 대한 단편적 정보가 아닌, 그 대상과 자연스럽게 함께할 수 있음을 의미한다. 대상과 원활히 함께 움직인다는 것은 그 대상의 구조와 작용 원리를 충분히 숙지하고 있으며, 현재의 상황을 파악하고, 다음 상황을 예측할 수 있다는 것이다. 이것은 그들이 하나의 동일한 시스템 안에서 움직이는데 불편함이 없다는 것이며, 결국 한 몸을 이룬 상태를 의미한다.

반면, 낮은 등급의 앎이란 대상에 대한 몇몇 정보로 그 대상을 뇌 속에서 생각으로 재구성하는 수준이다. 아무리 많은 정보를 가졌다 하더라도 그 대상의 시스템과 원활히 움직일 수 없다면 그 시스템을 알고 있는 것이 아니다. 그 대상의 현재 상황이 충분히 파악되고, 다음 상황을 정확히 예측할 수 있는가? 여기에 긍정적 답을 할 수 없다면, 아직 대상을 제대로 알고 있는 것이 아니다. 무엇을 '안다'는 것과 '생각한다'는 것은 확연히 다른 의미이다. 심도 있는 앎이란 정보의 퍼즐 게임을 넘어 대상과 동화됨이다. 동화된 이후엔 더 이상 그것에 대해 생각하지 않는다. 그것을 안다는 것조차 잊게 되고, 모른다는 것조차 모른다.

오래 전 현장체험이란 이름으로 노동 현장에 있어 보았다. 육체적 고단함과 심리적 폭력이 난무하는 곳이었다. 그러나 아무리 힘든 상황이어도 나에겐 그 피-폭력자들에게 다가가는 데 한계가 있었다. 외적으로 그들과 같은 상황에 노출되어도 나는 그들의 자리에 온전히 같이 있을 수 없었다. 나에게 그것은 단순한 연습이었고, 그들에겐 심장을 난도질 당하는 살육이었기 때문이다. 그들의 심장에서 울컥거리는 피는 나의 혈관엔 흐르지 않았다. 그 이후, 생각으로 세상을 이해하려는 어설픈 삶의 장난은 그만두었다.

'생각한다'는 것을 벗어나는 일은 쉬운 것이 아니었다. 땀구멍을 통해 많은 물이 흘러나왔고, 혈관의 피가 '끓었다 얼었다'를 반복했다. 생각을 자르는 절망과 두려움, 생각이 멈춘 공허가 심장으로 밀려들어 차곡차곡 그 자그만 공간을 메워나갔다. 세포 하나 하나에 그 공허가 전달되었고, 그것은 저 발바닥의 땀구멍과 숨구멍을 통해 뿜어져 나왔다. 공허의 냄새가 온몸을 휘감았고, 마침내 생각의 씨앗을 토해냈다.

여전히 생각은 몰려오고, 와야 한다. 그러나 그들이 머물러야 하는 것은 아니다. 멈추어 있는 바람을 보았는가? 멈추어 있는 것은 더 이상 바람이 아니다. 바람이란 자체가 흐름이다. 생각은 그렇게 와서 그렇게 간다. 그리고 와야 될 때, 다시 올 것이다. 생각은 매일 들리는 단골손님이다. 상점이 손님을 받지 않는다는 것은 영업을 그만두는 것이다. 때로는 성가신 손님이 오더라도, 가끔은 엄청난 매출을 올리는 손님이 오더라도, 가게 주인은 그들을 붙들어 두지 않는다. 가급적 찾아오는 모든 손님의 요구를 만족시키고, 시급히 돌려보낸다. 다른 손님을 더 받기 위해.

생각은 인간을 구성하는 주된 요소이다. 생각이 없는 인간은 대사나 동작을 더 이상 하지 않는 배우처럼 무대 뒤로 물러나야 한다. 무대 위에서 배우가 드러내는 표현은 그가 무대 위에 있어야 하는 존재 이유이다. 생각은 인간의 존재 이유이다. 표현인 생각을 배제해야 하는 것이 아니라, 생각에 휘둘리지 말아야 한다. 어설픈 신입 점원은 손님들의 등살에 휘둘린다. 숙련된 고참은 그들을 만족시키고 다시 찾게 만든다. '생각을 벗어난다'는 것이

‘생각을 그만둔다’는 것이 아니다. ‘벗어남’은 자유로움이지 ‘단절’이 아니다.

14

일요일 아침, 안마당에서 빨래를 널던 따누는 사비따가 현관을 나오자, 흥미로운 정보 한 가지를 제공한다.

따누: 이모님~, 뜨리뿌라 아쉬람(힌두사원)에 점을 잘 보는 용한 스와미 한 분이 오셨대요.

사비따: 그래, 우리 집에 잠시 모셔도 될까?

따누: 당연하죠. 이모님 정도면…….

안마당에 테이블이 새로 놓이고 손님 맞을 준비가 한창이다. 잠시 후, 스와미가 사람을 대동하고 마당에 들어선다.

사비따: 스와미 지(존칭), 제게 딸이 둘, 아들이 하나 있는데, 이 애들의 장래가 어떨지요?

스와미: 제가 어찌 미래를 알 수가 있겠습니까, 다만 오늘을 보고, 강이 어디로 갈지를 어림할 뿐이지요. 애들을 한 번 볼까요?

쁘리앙까는 이미 현관을 나서고 있고, 빠룰은 보이지 않는다. 쁘리앙까가 스와미에게 예를 표하고 자리에 앉는다.

스와미: 천성이 밝고 심장이 뜨거우니 좋은 일이 많겠군요. 삶은 스스로 만드는 것이라…….

다만, 행동하기 전에 생각을 한 번 더 하면, 번거로운 일들이 줄어들 수 있고…….

사비따는 쁘리앙까에게 빨리 빠룰을 데려오게 한다.

사비따: 저희 아들 녀석은?

스와미: 다~~ 가지고 태어난 녀석이니 걱정할 것 없어요. 심성도 착하고…….

다만, 남을 생각하는 삶을 살 수 있어야 더 큰 복이…….

빠룰이 코뚜레 매인 소마냥 언니 뒤를 쫄쫄 따라 나와, 스와미께 인사를 드린다.

스와미: 영명한데……, 그래서 생각이 많군요…….

스와미는 얼굴을 가까이 대며 빠룰의 눈을 들여다본다. 빠룰은 어깨를 살짝 빼 보지만 더 갈 곳이 없다. 왠지 알몸이 드러나는 느낌이다.

스와미: 세상은 생각하는 것이 아니야……. 언니처럼 뜨거운 심장이 필요해.

진정한 세상은 생각이 멈추는 곳에서 시작하지.

스와미는 자신의 몸을 뒤로 물리며, 빠룰을 편하게 해준다. 그리고 자신의 머리를 만지고, 손을 가슴에 얹으며,
"사랑은 머리가 아닌 가슴에 있어. 생각은 머리가 아닌, 배로 하는 것이란다."
빠룰은 이해가 되지 않지만, 자신이 삶에서 뭔가를 놓치고 있음을 직감한다. 그리고 용기를 내어, 그러나 기어들어가는 목소리로 스와미에게,
"~~~ 어떡하면 ~~ 사랑을 잘 할 수 있죠?"
스와미는 배시시 웃으며,
"주는 자도, 받는 자도 없어야 하지."

〈 께나 IV.6 〉

Brahman, the object of all desire,
that, verily, is what is called the dearest of all.
It is to be meditated upon as such (tadvanam).
Whoever knows it thus, him, all beings seek.

모두의 염원인 브라흐만, 가장 소중한 것으로 불리는 그것.
그것은 그처럼 소중한 것으로 고찰되어야 하고,
그것을 (소중한 것으로) 이렇게 아는 누구든,

그 모든 이들은 그것을 희구하네.

근원의 갈증을 느끼는 자는 누구든 그것을 염원한다. 세상엔 많은 종류의 사랑이 있으며, 어떤 사랑이든 경험을 해본 사람은, 자신에게 소중한 것이 있다는 사실이 자신을 어떻게 변화시킬 수 있는지 잘 알고 있다. 인간이 뭔가에 몰두하기 가장 좋은 방법은 사랑에 빠지는 것이다. 사랑엔 생각을 멈추게 하는 마력이 있다. 생각은 많은 유용한 작용을 한다. 그러나 생각 밖의 영역엔 생각이 주지 못하는 더 많은 유익한 것들이 널려 있다. 다루긴 조금 힘들지만 강력하고 경이로운 현상들이 우리의 손길을 기다리고 있다. 우리의 생각이 멈추는 그 지점에서.

계획과 설계의 단계에선 생각과 이성이 중요한 역할을 한다. 그러나 최초의 단계에 뭔가를 감지하고, 실행의 단계에서 성과를 내게 하는 힘은 생각이나 이성이 아니다. 그것은 뜨거운 심장과 오랜 기간 단련된 말초신경들이다. 뇌가 우리의 삶을 지배하고 있는 듯하나, 그것은 단지 생물학적 관점에 의한 것이고, 인간은 아직 우리가 잘 알지 못하는 많은 것에 의존하고 있다. 그 세계는 생각이 멈추고 사랑이 시작되는 곳에 열려 있다. 우리가 무엇인가와 사랑에 빠질 때, 우리는 새로운 차원에 진입하고 있는 것이다. 우리는 이곳에서 이성이 감당하지 못하던 많은 것을 수용하고, 경이를 체험한다. 이것은 사랑만이 줄 수 있는 행복이다.

우리가 사랑에 목마른 것은 무엇을 가지기 위해서가 아니다. 자신의 전 존재를 받아줄 품을 그리워하기 때문이다. 그것은 '배경'이다. 배경만이 우리를 넉넉히 품어줄 수 있다.

15

요즘 쉬바와 로저가 좀 이상하다. 로저는 샤르마네 개다. 5살 정도, 주인이 동네 대장이라고 자신도 동네 개들 중 대장으로 하루 종일 지역관리에 바쁘다. 집 사람들에겐 말할 수 없는 순둥이지만, 가끔씩 관구장을 찾아오는 손님들에겐 신경이 무척 쓰이는 존재이다.

쉬바가 아빠 샤르마에게 혼나는 일이 부쩍 많아졌다. 이른 아침, 마당에서 하던 운동도 그만두고 늦잠이다. 가외 수업도 자주 빼먹어 사비따에게 연락이 온다. 오후엔 강가 숲으로 혼자 다니는 것이 종종 눈에 띈다.
쉬바는 사춘기에 들었다.

로저를 부르는 사비따의 목소리가 유난히 잦아졌다. 밥 때도 통 모습을 드러내지 않는다. 파리들이 때 아닌 호시절을 즐긴다. 주위 어딘가에 있는 것 같은데, 사람 눈에 띄지를 않는다. 그러다 길거리에서 개들의 언쟁이 들리면, 쏜살같이 나타나 문제를 해결한다.
로저는 갱년기 우울증에 들었다.

지니는 로저가 어디 있는지 안다. 상가 건물 계단 제일 마지막 옥상으로 나가는 외진 귀퉁이에서 턱을 바닥에 깔고 하루 종일 눈만 끔뻑인다. 지나가다 머리를 만져도 깊은 한숨만 내 쉰다. 대장으로서의 최소한의 역할 외엔 아무 관심도 없다. 이 알 수 없는 슬픔이 너무 고통스러운가 보다.

늦은 오후부터 비가 부슬부슬 내리기 시작한다. 지니는 옥상에 널었던 빨래를 주섬주섬 가지고 내려오다, 힘없이 자신의 '고독장소'로 올라오는 로저와 마주친다. 발을 떼는 것조차 귀찮은 표정이다. 등줄기에 맞은 빗물이 너덜너덜 검붉은 갈색 털을 이미 뭉개 놓았다.

땅거미가 내린 시각, 사비따의 아래층에서 고함소리가 울린다. 정말 드문 일인데…, 샤르마의 목소리다.
잠시 후, 현관이 열리고, 누군가 후드 티셔츠를 깊게 뒤집어쓰고 나온다.
쉬바다.
비 오는 마당을 뚜벅뚜벅 건너자, 빗물이 후드 티셔츠에 촉촉이 젖어 든다. 환한 전등이 켜진 상가 건물로 들어서지만, 그는 첫 번째 지니 방을 그냥 지나친다. 그리고 계단을 오른다. 상가 건물이 아무리 넓다고 하나, 비 맞은 새앙쥐가 이 밤에 갈 곳은 한 곳뿐이다.

로저가 차지한 '고독 장소.'

이 넓은 세상,

슬픔에 촉촉이 젖은 두 가슴은 결국 그곳으로 갔다.

〈 께나 IV.8 〉

Austerities, self-control and work are its support;
the Vedas are all its units;
truth is its abode.

엄격, 자기통제, 의무는 준수되어야 하고,
이 모든 것이 베다를 구성하며,
진리는 그 안에 있네.

현대의 유력한 몇몇 종단의 창조설화에는 인간의 '낙원 추방'에 대한 얘기가 나온다. 인간이 '모성적 품'을 박탈당했다는 것이며, 문학적 표현을 빌려 인간의 근본적 고립을 설명하고 있다. 베다 문헌뿐 아니라, 인류의 모든 철학과 문학도 인간이 충만하지 않음을 인정하고 있다. 이것은 인간의 '부분성'으로 대표될 수 있다. 부분은 다른 부분과 충돌하며 세상에 고통을 불러들였다. 그래서 인간은 '부분성'의 극복이라는 과제를 안고 있다. 이 과제는 그저 해결되지 않으며, 인내와 훈련과 책임이 요구된다.

부분이 전체에 접근하는 길은 자신을 파괴하는 것이다. 우리는 문학적으로 껍질을 깬다는 표현에 익숙하다. 껍질을 깨는 시기는 껍질 속에서 더 이상 견딜 수 없는 임계점에 도달할 때이다. 이 한계 상황까지 우리는 '자기 이해'와 '자기 통제'가 필요하다. 세상에 범람하는 그 많은 계율은 이 임계점에 도달하기 위한 장치들이다. 계율을 지킨다는 것은 착한 강아지가 주인으로부터 껌을 받기 위한 애교가 아니다. 그것은 자신의 한계 상황인 임계점에 도달하기 위한 힘을 모으기 위해 스스로 자신을 관리하는 것이다. 그러나 계율들의 의미가 퇴색되는 곳엔, 그것들이 작동할 기본 구조와 방향성의 상실이 있다.

자기 통제와 훈련은 껍질을 깨기 위해, 그리고 깨고 나온 세상의 새로운 상황을 견딜 힘을 키우기 위함이다. 준비가 되지 않은 자는 껍질 속에서 죽을 것이다. 그리고 아직 충분히 발육이 되지 않은 자도 새 세상의 빛을 바라보며, 이른 아침의 공기를 채 호흡해 보지도 못한 채 죽어갈 것이다. 생존의 세계는 냉엄하다.

엄격은 우리를 옥죄기 위함이 아니다. 그것은 우리에게 힘을 준다. 때로는 엄격이 고통일 수도 있다. 그러나 마틴 루터 킹 목사는 '나를 죽일 수 없는 고통은 나를 더욱 강하게 한다'라고 하였다. 인내의 동기와 목적을 가진 자는 기꺼이 그 고통을 감내할 것이다. 우리는 그 새 날의 빛을 바라보고, 그 아침의 공기를 마시고 싶기 때문이다.

까타 우파니샤드

16

빗소리와 함께
찾아 든
젊은 날의 하루는
그렇게 흘러간다.

오가는
그들의 흔적은
나뭇잎에 맺힌 빗방울마냥
잠시 가슴에 맺히나

허공을 가르는
바람 되어
어디론가 날아가겠지

가는 곳 없이
오는 곳 모르는
바람결처럼 흐르는
저 흔적의 여운은

빗방울을 그리는
아둔한 가슴을
어디선가 비웃겠지

빗소리와 함께
찾아 든
젊은 날의 하루는
그렇게…
그렇게 흘러간다.

〈 까타 I.1.6 〉

Consider how it was with the forefathers;
behold how it is with the later (men);
a mortal ripens like corn, and like corn is born again.

그것이 어떻게 조상들과 함께 있었는지 생각해 보아라;

그리고 지금 어떻게 우리들과 함께 있는지를 보아라;
인간은 곡물처럼 자랐다가 다시 태어난다.

'그것'이란 나타났다 사라지고 다시 나타나는 세상의 원리를 가리킨다. 경구는 윤회와 인생의 무상無常을 보라고 한다. 우리가 보아야 할 것은 무상으로 인한 덧없음과 슬픔이 아니다. 세상이 무상하기에 얼마나 다행인지 모른다. 만일 세상이 고정된 것이라면, 이보다 더 큰 재앙이 또 있을까?

저 원수 같은 남편(아내)을 영원히 보아야 하는가? 이 잘나지도 않은 몸뚱어리에 영원히 갇혀 있어야 하는가? 누구는 금수저를 물고 태어나는데… 현재의 상황에 영원히 고착되어야 한다면, 이것을 환영할 사람이 과연 몇 명일까? 우리는 변화를 간절히 갈구하고 있다. 세상이 무상이라니, 이것 얼마나 반가운 소식인가?

멈추어 있지 않다는 것은 새로운 가능성을 의미한다. 변화하지 않음은 가능성을 닫는 것이며, 이것은 항상 인간에게 고통을 야기한다. 세상의 속성은 흐르는 것이다. 세상은 저주로 가득 찬 것이 아니다. 세상은, 변화는 축복이다. '놓아 보낼 줄 아는 것', 이것이 축복의 시작이다.

17

빠룰은 고민이다. 이번 여름에 대학을 졸업하고 대학원에 진학한다. 갈등은 이곳 하리드와르와 주도州都 데라둔 사이에 있다. 아버지 샤르마는 이미 데라둔에 학교를 알아보고 있다. 근데, 빠룰은 선뜻 내키질 않는다. 집을 떠나야 한다는 것이…

빠룰에겐 한 가지 더 신경 쓰이는 것이 있다. 지니의 비자다. 지니가 본국에 갔다 온 지 1년이 다 되어간다. 소문에 요즘 외국인 비자기간이 1년이라는데…

더 참지 못한 그녀는 저녁에 어머니와 언니를 지니방에 파견한다.

쁘리앙까: 잘 지내지요?

지니: 예, 여러분 덕분에… 근데, 무슨 일로~~~~.

쁘리앙까: 본국에 언제 돌아가요?

지니: 예?~~ 아직 안 가는데요!

쁘리앙까: 그러니까~~, 일년이 다 되어 가고~~, 비자가~~, 우리 동생, 읍!!!!!.

지니: 아~~, 얼마 전에 새로 연장했어요. 여기~ 여기, 보세요.

지니는 급히 여권을 꺼내 새로 찍힌 비자 스탬프를 보여 준다. 지니는 왜 이리 서두를까? 지니도 자신의 행동이 우습다. 사비따는 글이 잘 보이지 않아, 눈을 들이대며 날짜를 꼼꼼히 확인한 후에야, 입가에 미소를 띄운다. 빠룰이 요청한 임무가 완수되었다.

지니: 걱정 말아요. 저, 3~4년은 더 이 집에 있어야 돼요. 앞으로도 잘 부탁드립니다.

쁘리앙까: 예, 우리는 가족 같잖아요~. 진짜 가족이 되었으면 좋겠어요~~ 후후후.

더 진행될 말의 어색함에, 사비따와 쁘리앙까는 종종걸음으로 안마당으로 사라진다.

'음~~~, 진짜 가족이라~~~'

지니의 머릿속은 복잡해진다. 그것이 쁘리앙까의 머릿속처럼 그렇게 간단한 일이었으면…….

보고를 받은 빠룰은 이제 조금 안심이다.

'시간은 충분히 벌었고~~'

데라둔 행을 거역할 뚜렷한 명분이 없는 빠룰은 아버지의 뜻을 따르기로 한다.

'지니를 매일 보지는 못하지만, 데라둔에 가는 것이 지니를 더 확실히 붙드는 방법이 될 수도 있을 거야. 데라둔 쪽이 더 좋은 학교니까. 그리고 차로 겨우 두 시간 거리인 걸.'

빠룰은 현재 '모두'를 가질 수는 없지만, 더 큰 것을 가질 선택에 안도한다.

〈 까타 I.2.4 〉

Widely apart and leading to divergent ends are these,
ignorance and what is known as wisdom.
I know (thee) Naciketas,
to be eager for wisdom for (even) many desires did not distract thee.

서로 떨어져 상반된 끝으로 달려가니,
무지와 지혜라고 알려진 그것들이다.
내가 알기를, 나찌께따,
그대는 많은 욕망들이 그대를 성가시게 하지 않을
지혜를 열망하고 있구나.

젊은 시절, 갈등한다는 사실이 무척 성가셨다. 갈등은 선택의 상황에서 찾아 왔다. 선택이 고통스러웠던 것은 상실감 때문이었다. 선택되지 않은 것을 잃어야 한다는. 욕심이랄까? 아무튼, 모두를 갖고 싶었으나, 어떠한 선택도 이 '모두'를 충족시켜 주지 못했다. 아무리 경우의 수를 따져 보아도 그것은 불가능했다. 그러면서 알게 된 것이 있다. '모두'와 '전체'는 서로 다른 것일 수 있다는 사실.

'전체'에 대한 접근은 '모두'에 대한 접근과 사뭇 달랐다. 그것은 아예 선택을 하지 않는 것이었다. 선택엔 항상 두 개의 대립항이 있다. 선택하는 자와 선택되는 대상. 선택되는 대상은 보다 거대했으며, 시시각각 선택하는 자를 압도해 왔다. 그 대상을 처리하는 것은 너무 힘든 과제였다. '그 자者'를 다루는 것이 효율적이었다. 그 자가 있는 한 선택은 피할 수 없었다. 그래서 그를 죽이기로 했다.

그가 죽자, 대상만 남았다. 좋고 싫고를 판단할 필요가 없었으며, 대상들은 서로 싸우지도 않았다. '그 자者'가 있을 때, 싸움이 있었다. 대상들은 자신들의 순서에 의해 무대에 등장하고 내려갔다. 올라와야 할 배우는 기필코 무대에 발을 들였다. 선택은 없고, '구경'만 있었다. '모두'를 볼 수는 없었지만, '전체'는 항상 그곳에 있었다.

우둔한 질문을 하지 않길 바란다. 오늘도 짜장면을 먹을지, 짬뽕을 먹을지 고민한다. 그리고 탕수육을 시켜야 될지, 말아야 될지를 선택하고 있다. 그러나 젊은 시절의 그 '갈등'은 사라졌다.

18

사비따는 관구장이다. 그러나 대부분의 큰일은 남편인 샤르마가 처리하는데 오늘 고민이 있다.
다행인지 불행인지, 이번 년도에 예산이 남게 되었다. 이것을 잘 이용하고 싶은데…
참모 회의가 열렸다.

A: 마을 잔치를 하면 어떨까요?

샤르마는 책상만 바라본다.

B: 가난한 노인들에게 나누어 주면요? 인심도 얻고.

샤르마는 귀만 후비고 있다.

C: 지난 우기에 도로 패인 곳이 많은데, 보수공사는?

샤르마의 입술이 삐쭉거린다.

D: 다음 관구장 선거를 위해 사용하면…….

샤르마의 안구가 갑자기 확장된다.

샤르마: 어떻게?????

D: 이번 두세라Dussehra 축제 때, 대형 인형과 폭죽과 연극 등, 제대로 한 번 하는 거죠.

샤르마: 근데, 비용이 많이 들 텐데, 지금 남은 예산으론 어림도 없어.

D: 그런데, 이번 기회가 홍보 효과엔 제격일 듯한데요.

샤르마는 영 내키질 않는다. 아무리 효과라지만, 출혈이 너무 심하다. 소문난 자린고비가…….

며칠 사이,

샤르마가 혼자 있는 모습이 부쩍 많아졌다. 어울리기 좋아하는 그 성격에… 욕심은 나지만 돈을 끌어들일 방도가 없다. 오늘도 2층 발코니에 홀로 팔짱을 끼고 앉아 있다.

빠룰: 엄마, 아빠 요즘 왜 저래?

사비따: 그게 말이야~ 뭐냐 하면…….

샤르마가 저녁을 먹으러 아래층 식당으로 내려오자, 빠룰이 말을 건다.

빠룰: 아빠, 일은 간단해요. 항상 단순함에 답이 있지요.

샤르마: 뭔데?

빠룰: 그 행사를 추진하세요. 그것도 처음 예산하신 것보다 2배로요.

샤르마: 뭐~~, 너 제정신이냐? 네가 뭘 알아!!!!

빠룰: 사람들이 상상을 못한 충격적인 사건을 만드는 것이지요.

20년이 지나도 아빠의 이름을 기억하도록. 하나의 전설을 만드는 거죠.

모금이나 후원금 같은 건 아예 접으세요. 순전히 아빠가 비용을 부담해야 실제적인 효과가 있어요.

엄마가 재선된다면 그 정도의 비용은 의미가 있어요. 그리고 장래에 우리 쉬바가 이 관구에서 무엇을 할지 어떻게 알아요? 엄마의 재선에 관계없이 우리 집안을 위해 하나의 획을 긋는 것이죠.

다음 날, 샤르마의 참모들이 분주하다. 음모에 착수한 것이다.

〈 까타 I.2.5 〉

Abiding in the midst of ignorance,
wise in their own esteem, thinking themselves to be learned,
fools treading a tortuous path go
about like blind men led by one who is himself blind.

무지의 가운데 머물며
스스로를 현명한 자, 배운 자로 여기는 바보들이
장님에 의해 이끌리는 장님처럼 잘못된 길을 걷고 있네.

오늘날은 배운 자가 많다. 이것이 의미하는 것은 관련 정보를 읽거나 들어보았다는 것이다. 이것이 가진 함정은 머릿속의 정보가 곧 앎이라고 착각하는 것이다. 언어나 이미지로 전환된 정보는 실제를 담지 못한다. 단순 정보의 반복은 가능하나, 응용과 이를 바탕으로 한 재창조가 불가능하다. 그 정보가 형성되는 구조와 원리를 모르기 때문이다. 앎이란 실제가 자신의 존재에 들어와 재가동함을 의미한다. 앎이란 성숙되어야 한다. 은행 계좌에서 현금이 옮겨가듯 그렇게 간단한 것이 아니다. 앎은 반복과 훈련을 통한 재현에서 성숙한다. 현대인이 가진 맹점은 모든 것을 머리에 담으려 한다는 것이다. 그래서 정보는 넘치나 아는 자는 드물고, 세상은 더 행복해지지 않는다.

앎의 성숙은 '단순화 과정'이다. 어떤 내용이 파악되고 개념이 잡혀 간다는 것은 그것이 혼란의 상태를 넘어 명확해짐을 가리킨다. 명확해짐이란 혼돈 속에서 질서가 보이고, 모든 내용물이 단순한 구조 속에서 상호관련성을 드러낸다는 것이다. 혼돈이 법칙 속으로 농축되어 재편된다. 이 법칙이 농축될수록, 단순화될수록 활용과 적용이 쉬워진다. 어느 때, 어느 곳, 누구에 의해서나 적용이 가능해지는 것이다. '단순화'는 원리에 가까이 다가감이다. 세상이란 생각만큼 복잡한 것이 아니다. 이권이 개입하기에 실타래가 꼬인다.

앎에 있어 또 다른 문제점은 사람들이 단순한 것을 하찮게 여기는 편견이다. 중요하고 의미 있는 것은 복잡하고 어려울 것이라 생각한다. 그렇게 가치 있는 것이 간단한 것이라면, 자신이 아직 모르고 있다는 사실을 용납하기가 쉽지 않다. 자신의 자존심에 상처가 난다. 그래서 밀쳐낸다. 경험상 대부분의 사람들이 이렇게 행동한다. 그들은 가치 있는 내용을 찾아다니는 것이 아니라, 자신이 가치 있음을 인정받고 싶을 뿐이다. 그래서 끊임없이 정보를 쇼핑하고 그것으로 자신을 꾸민다. 감당하기 힘든 만큼의 정보를 가지고도 쇼핑을 계속한다. 자신이 가진 정보 속에서 원리를, 질서를 볼 수 없기 때문이다. 그들은 앎의 '성숙화'를, '단순화'를 모른다. '혼돈'을 말하고 '질서'라 들어주기를 바란다.

19

사막을 건너 매년 소금을 여러 도시에 파는 대상에게 아들이 하나 있었다. 그 아들이 긴 여행을 견딜 만한 나이가 되자, 상인은 아들을 데리고 큰 도시들을 돌며 소금을 거래하였다. 한 해의 장사를 마치고 고향으로 돌아오던 중, 대상은 아들에게 물었다.

"시장에서 무엇을 보았느냐?" 아들은 "먹을 것이 너무 많아요."

"그래!!!"

다음 해 귀향길에서 대상은 다시 아들에게 물었다.

"시장에서 무엇을 보았느냐?" "신기한 물건들과 다양한 사람들, 너무 흥미로워요." "그래!!!"

다음 해,

"시장에서 무엇을 보았느냐?" "돈을 보았어요." "그래!!!"

....

"시장에서 무엇을 보았느냐?" "돈을 움직이는 권력이 있어요."

"그래!!!"

몇 해가 더 흐른 뒤,

"시장에서 무엇을 보았느냐?" "사람들은 늘 필요한 것이 있어요."

"이제야 상인이 되었구나. 먹을 것이 필요한 자에겐 음식을, 권력이 필요한 자에겐 권력을 팔아라."

〈 까타 I.2.18 〉

The knowing self is never born; nor does he die at any time.
He sprang from nothing and nothing sprang from him.
He is unborn, eternal, abiding and primeval.
He is not slain when the body is slain.

스스로를 아는 자, 태어나지도 죽음의 순간도 없으니,
그는 시작한 근원이 없고, 아무것도 그로부터 나오지 않네.
그는 나지 않으며, 불멸이고, 지속이며, 태고이니,
그 몸이 사라질 때 그는 죽지 않네.

이 경구는 우파니샤드 철학의 '그'에 대한 본성을 나름 묘사해 놓았다. 이런 묘사는 유일신 종교에서 자신들의 절대자에 대한 묘사와 동일하다. 경구의 긴 문장을 한 단어에 녹이면, 그것은 '전체성'이다. 이것은 시간과 공간과 인과를 통합해 버림으로써 그 모두를 넘어서 있다. 이러한 접근이 인간의 언어가 묘사할 수 있는 유일한 방식이다. 우파니샤드의 가장 근본적 관점은 이러한

'그'와 인간이 다르지 않다는 것이다. 그래서 이 경구는 인간에 대한 서술이기도 하다. 그러나 이것이 '그'가 아닌, 인간으로 대체될 때 우리는 당혹스럽다. 이런 수식어가 가당치 않기 때문이다.

원인은 간단하다. 우리가 스스로 생각하고 있는 인간은 너무 왜소한 존재이다. 이런 사실을 몰라 경구의 저술가들이 이런 주장을 하고, 선승禪僧들은 '니 뭐꼬?'를 외치고 있나? 당신은 자신의 바닥에 깔려 있는 그 깊은 곳을 보았는가?

20

지니는 빠룰을 보지 못한 지 2주가 넘었다. 오늘은 토요일. 자신과는 무관한 일이라고 스스로에게 주문을 걸지만, 책을 들고 있어도 책장이 넘어가질 않는다. 그래서 따누에게 삐후를 받아 안고 동네 골목을 한 바퀴 돈다.

삐후는 애교가 많이 늘었다. 본능이랄까! 새로운 것에 관심이 많은 삐후는 자신을 어디로 데려다 줄 듯한 사람에게 민감하다. 삐후는 욕구가 강하고 분명하다. 그러나 오늘 지니의 '갈구'에 비할 바는 아니다.

무더운 오후,

지니는 창가에서 졸고 있다. 쉬바가 창문 너머로,

쉬바: 지니, 뭘 해요? 베드민턴 치지 않을래요?

지니: 어~ 내가 말이지… 좀…….

아니, 좋아. 근데 오래는 안 돼. 옷 갈아입고 금방 나갈게.

이 시간, 안마당의 잔디 위는 그늘이다. 늘 쳐져 있는 코트에서 쉬바는 친구들과 배구나 베드민턴을 즐긴다.

오늘은 친구가 없는 모양이다.

얼마가 지났을까! 지니의 반바지와 티셔츠는 땀에 착 달라붙었다. 땀이 아닌 물이 뚝뚝 흐르는 듯하다.

쉬바는 지칠 줄 모른다. 지니도 오늘은 날뛰는 망아지다. 뭔가 떨어내야 할 짐이라도 얹고 있는 듯.

사비따는 현관 옆 테이블 쪽 그늘에 앉아 흐뭇한 미소를 머금은 채, 두 망아지의 재롱을 지켜보고 있다.

'끼이~~잉~~'

대문이 열리고 빠룰이 가방을 메고 들어선다.

지니의 시선은 빠룰의 걸음 하나 하나, 사사로운 표정은 물론 눈빛의 의미까지도 해독한다.

지니: 안녕, 새 학교는 어때?

빠룰: ~어~~, 좋아요.

지니는 다음 말을 더 찾지 못하고, 빠룰은 그 앞에 서 있질 못해 사비따에게로 발길을 재촉한다.

빠룰은 엄마 곁에서 수다를 떨며, 동생과 또 다른 가족이 씩씩대며 벌이는 경기를 관람하고 있다.

평소와 달리 지니의 마음은 짙은 안개 속을 달린다. 아무리 속도를 내어도 이 안개를 벗어 날 수 없다.

'얼마나 이런 시간이 계속되어야 하나?

내가 원하는 것이 무엇이지?'

지니에겐 모든 것이 분명한 것 같으나, 어느 것 하나 명확하질 않다.

스스로 그 명확함을 만들고 싶지 않은 것이 지니의 진심이다.

그는 빠룰이라는 안개 속을 달리고, 빠룰은 새벽안개를 피워 올리는 갠지스 강이다.

지니는 갠지스에 몸을 담그기를, 갠지스는 그를 삼키길 갈구한다.

"지니!!!! 셔틀콕이 바로 옆에…… 뭘 보고 있어요???"

〈 까타 I.2.20 〉

Smaller than the small, greater than the great,
the self is set in the heart of every creature.
The unstriving man beholds Him, freed from sorrow.
Through tranquility of the mind and the senses
(he sees) the greatness of the self.

작은 것보다 더 작고, 큰 것보다 더 큰 그것은
모든 창조물의 중심에 놓여 있네.
갈구하지 않는 자 슬픔으로부터 자유를 얻고,
마음과 감각의 평정을 통해 위대함을 얻네.

모든 창조물의 중심엔 무엇이 놓여 있나? 경구는 '크고 작다'는 현상의 이원성을 넘어 존재의 근원이 있다고 한다. 그런데 인간에겐 이 존재적 근원 외에, 슬픔의 원인이 되는 '갈구하는 자'가 더 있다. 인류의 많은 종교적, 철학적 전통들은 이 '갈구함'에 저주를 내렸고, 이것을 인간에게서 잘라내는 것을 도덕의 완성으로 여겼으며, 아직도 이것은 모든 문화에 깊게 뿌리내리고 있다. 그러나 이 깊은 뿌리가 우리의 눈을 가리고 있다. 모든 생명체의 본성은 '갈구함'이기 때문이다. 갈구함이 인간의 채워지지 않는 욕심을 부추긴다고 여겨 갈구함에 주홍글씨를 새기지만, 세상의 유지와 모든 변화와 성장은 이 갈구함을 통해 가능하다. 갈구함은 인간뿐 아니라 세상의 속성이다. 세상의 근본 속성을 거부하며 세상을 어찌하려는 것은 스스로의 모순에 빠지는 일이다. 이 본성을 거스르는 작업은 실패할 수밖에 없다. 그래서 그 많은 종교가 위선에 빠져 있는 것이다.

'갈구함'엔 문제가 없다. 그러나 이것을 포장하고 있는 '갈구하는 자'가 슬픔을 불러온다. 갈구하는 자는 갈구함에 편을 가르고 경쟁을 시킨다. 나의 것과 너의 것이 생기고 일등과 꼴지를 만든다. 갈구는 이제 필요한 것에 대한 표현이 아닌, 전쟁이 되었다. 갈구하는 자는 갈구함에서 나왔다. 파도의 깊은 곳엔 바다가 있다. 바다는 파도의 배경이다. 파도는 우리의 분별이며 언제나 바다만이 있다. 갈구하는 자는 분별이며, 갈구만이 있다. 갈구는 세상의 움직임이며, 그저 그렇게 족하다. 인간은 갈구함의 발현이지, 갈구하는 자가 있어 갈구를 행하는 것이 아니다. 파도란 것이 있어 파도가 치는 것이 아니다. 바다란 원래 출렁이는 것이다.

현대엔 많은 가상의 존재가 있다. '사이버 머니'를 비롯한 무수한 문명의 이기들. 이들 중 가장 확고한 존재감을 가지는 것은 '법인'이다. 인간도 아닌 것이 더 인간 행세를 한다. 세금도 내고 재판에도 나간다. 무수한 인간들이 이 앞에서 쩔쩔맨다. 눈에 보이지도 손에 잡히지도 않으면서 엄연히 존재한다. 법인의 존재는 인간의 오감에는 잡히지 않으나, 그것이 행사하는 힘의 경계지점을 통해 그 존재감이 드러난다. 갈구하는 자 또한 그 갈구의 경계를 통해 드러나는 가상의 존재이다.

'갈구함'과 '갈구하는 자'를 구별하는 것이 쉬운 것은 아니다. 그러나 이것이 슬픔으로부터 벗어나는 일차적 관문이다. 우파니샤드의 모든 가르침은 이 둘을 구분하는 의식을 확보하라는 것이다. 갈구하는 자가 무엇인지 정확히 알려질 때, 인간과 전체성의 하나됨이 실현된다. 그 다음에 마음과 감각의 평정이 있다. 발생하는 순서는 결코 바뀌지 않는다. 평정을 먼저 좇는 자는 실패하게 되어 있다. '볼 줄 아는 눈'을 먼저 가져야 한다. 명상은 본질적으로 이 눈을 뜨는 것이다.

21

일요일 오전, 안마당에서 갑자기 언성이 높다. 여자들의 고성이 오간다. 쁘리앙까와 따누이다.

'아니, 뭔 일이야?'

샤르마 타운에서 쁘리앙까에 맞서 목소리를 높일 수 있는 사람은 흔치 않다. 브라흐민에, 대지주의 딸.

가난한 세입자이나 그래도 브라흐민이고 자존심이 강한 다혈질의 따누만이 유일한 적수가 될 수 있으리라.

오늘 아침 그 사건이 발생한 것이다.

잠시 후,

따누가 분을 삭이지 못하고 이쪽 복도로 들어오며 허공에 대고 불평을 쏟아낸다.

지니는 끼어들 상황이 아님을 알고 살며시 방문을 닫지만, 그 궁금증마저 닫을 수는 없다.

저녁을 먹고, 설거지를 하는 지니방에 따누가 슬쩍 들어온다. 아직도 답답함이 있는 표정이다.

지니는 아무 말 없이, 미소를 머금은 채 둘레둘레 따누의 표정과 행동을 추적한다.

드디어…

따누: 아침에 쁘리앙까와 싸웠어요. 안마당 건조대에 빨래를 더 이상 널지 말라는 거예요, 글쎄……

지니: 왜죠? 지금껏 그렇게 해왔으면서……

따누: 빠리의 빨래가 더 생겼잖아요. 자기들이 옷을 널 곳이 부족하다고……

빠리는 얼마 전 태어난 삐후의 여동생, 따누의 둘째 딸이다.

지니: 그럼, 어떻게 해요?

따누: 옥상 건조대에 올라가야죠. 다른 사람들처럼.

사비따의 안마당 건조대에 빨래를 너는 사람은 사비따의 가족과 지니, 그리고 따누가 유일했다.
세입자들은 감히 안마당 건조대를 사용하지 못하지만, 그 동안 임신 중이던 따누는 암묵적으로 안마당 사용이 허용되고 있었다. 그러나 모든 상황이 변한 지금, 똑같이 다혈질인 쁘리앙까가 먼저 선수를 친 것이다.

지니: 쁘리앙까의 요구가 지나친 것은 아니잖아요? 현실적으로……

따누: 저도 그건 알아요. 근데, 저에게 하는 말투가 참을 수 없어

요. 아랫사람들에게나 하는……

지니는 피식 웃는다.

지니: 따누가 쁘리앙까보다 아랫사람 맞잖아요.
나이가 어리죠?

따누: 두 살.

지니: 쁘리앙까는 집주인이죠?

따누: 예!

지니: 집주인의 정당한 요구는 그저 받아들이면 되잖아요.
따누는 괜히 자존심이 상한 거예요.
자신의 마음에 가득 찬 무엇이,
현실을 직시할 감각을 잃게 하고, 분노를 만들지요.
아침에 따누의 마음에 무엇이 가득했지요?

따누: ………………

지니: 아침에 따누의 마음을 채웠던 것은 따누 자신의 것이 아니에요.
그리고, 그것은 항상 충돌을 만들지요.
따누는 성격상 쉽게 균형을 잃을 수 있어요. 균형을 잡기 위해선 단순한 내면이 편리하죠.
청소도 중요해요. 빨래가 중요한 만큼.

〈 까타 I.2.23 〉

This self cannot be attained by instruction,
nor by intellectual power,
nor even through much hearing.
He is to be attained only by the one whom the (self) chooses.
To such a one the self reveals his own nature.

그것은 교육이나 지성, 심지어 많이 들음으로 인해서도
얻을 수 없네.
그것은 스스로 다가와 자신의 모습을 드러내네.

꽃을 억지로 피게 할 수 없고 사랑을 강요할 수 없듯, 전체성은 쟁취할 수 있는 어떤 것이 아니다. 그것은 때가 무르익으면 스스로 다가온다. 예고 없이 찾아오는 손님과 같다. 그러나 손님이 이유 없이 오지는 않는다. 우리의 노력이란 손님이 편안히 지낼 환경을 만드는 것이다. 그것은 전체성에 대한 이미지를 연구하고 만드는 것이 아니라, 불필요한 편견과 이미지를 깨끗이 정리하여 없애는 작업이다. 우리의 집안엔 이미 너무 많은 것이 놓여 있어 손님이 앉을 자리가 없다. 이것이 손님이 오지 않는 이유이다. 그 손님은 누구에게나 우호적이고 어느 집이나 방문할 준비가 되어 있다. 그러나 아무도 그를 초대하지 않는다. 그가 아니어도 집안은 포화상태이다.

우리가 행하는 모든 논리적 작업은 오만한 지성知性이 스스로 멈추는 지점에, 모든 육체적 단련은 생체 에너지가 닿지 않는 지점에 이르기 위한 것이다. 간단히, 모든 인위적 몸부림이 한계점에 이르러 스스로 와해될 때 전체성은 비로소 드러난다. 그러나 그 임계점에 이르기까지 우리는 버둥대어야 한다. 지성은 온전한 지성에 의해서만 멈추어질 수 있다. 어설픈 지성은 자아도취에 빠져 자신의 한계점에 눈을 감는다. 우리는 지성을 그 경계지점까지 몰아가야 한다. 그래야 진정 멈춤이 무엇인지 알게 된다. 우리의 모든 지성과 감성과 의지와 손가락 끝의 힘이 멈추는 그곳, 여기가 전체성이 열리는 문이다.

호흡이 멈추는 지점, 생각의 끈이 잘려나가는 지점, 감정의 회오리가 내려앉는 지점, 의지의 화살이 힘을 잃고 떨어지는 그 지점이, 우리가 내디뎌야 할 전체성이라는 밀림의 출발선이다. 손님이 다가와 모습을 드러내는 지점은 결코 종착지가 아니다. 인류 역사 속에서 많은 사람들이 오해를 한 부분이 바로 이것이다. 그래서 그들이 얘기하는 붓다는 슈퍼맨이고, 천국은 우주의 끝을 지난 그 바깥에 놓여 있다. 그들은 '출발점'을 '종착점'으로 착각하고 있다. 전체성이 열리는 지점을 출발선이라 말하면, 그들은 당황스러워 한다. 아무리 출발선이라는 말이 귀에 닿아도 그들은 종착점으로 이해한다. 그리고 그 출발선이 바로 우리의 한 발 앞이라 말하는 이에게 '신성모독'의 죄를 뒤집어씌운다. '네가 감히 그런 얘기를 할 자격이 있는가?' 그들은 말의 내용에 관심이 없고, 단지 자신들의 자존심이 손상된 것을 아파한다. 그들은 예수의 메시지를 숙고하지 않았고, 오로지 예수 자체를 견딜 수가 없었다. 그래서 그들은 '나자렛 예수'를 죽였다. 그리스도는, 붓다는 종착점이 아니고, 예수와 싯다르타는 우리가 우상화하는 신적인 존재가 아니었다. 전체성은 우리의 발 바로 그 앞에서 시작하고 있다.

22

이른 아침 방문을 밀치며 마당에 발을 놓으니,
밤새 흐느끼며 얼어붙은 들판의 외로움,
여명의 아스라함 밀치며 혼미한 이마 갈라놓아,
골수를 쪼개고 심장을 얼리는 그 한기寒氣,
간밤의 들끓던 그 욕정 이슬로 내려앉네.

〈 까타 I.2.24 〉

Not he who has not desisted from evil ways,
not he who is not tranquil,
not he who has not a concentrated mind,
not even he whose mind is not composed
can reach this (self) through right knowledge.

악의 길을 뿌리치지 않으며, 평온하지 않으며,
마음을 모으지 못하며, 오히려 마음이 산란한 자,
바른 지식을 통해 이것에 이르지 못하네.

우리에겐 삶의 방향성을 흩뜨리는 습관화된 많은 장애물이 있다. 개념이나 이미지의 논리적 전개로써는 결코 전체성에 닿지 못한다. 지식이 그곳으로 우리를 이끌지 못한다. 지식이 하는 일이란 끊임없이 우리의 발걸음이 잘못된 곳을 내딛고 있음을 확인시키는 것이다. 우리는 지식을 통해 우리의 위치를 확인하고 점검한다. 지식의 등 뒤에는 늘 붙어 있는 메시지가 있다.

그것은 '멈추어라, 그리고 느껴라!'이다.

생각이란 뇌 안에서만 이루어지는 일련의 전기적 반응이다. 그러나 느낀다는 것은 이 전기적 반응을 포함하며, 뇌를 벗어난 공간 속에서의 총체적 감응이다. 이것은 모든 별에서 시시각각 일어나는 핵반응과 같다.

우리에겐 핵반응이 필요하다. 여기선 각각의 입자들이 자신의 존재를 전복시킨다. 그리고 새로운 입자로 탈바꿈한다. 우리의 의식이 모여 불꽃을 튀겨야 한다. 의식은 흩날리는 모든 마음을 수습하여 그것을 느낌이 발생하는 그 지점에 가져다 놓아야 한다. 느낀다는 것은 깨어 있다는 것이다. 느낌은 생각을 멈추고 깨어 함께 하는 것이다. 모든 의도를 내려놓고 전부를 던진다. 이것은 허공을 찢어 그 틈을 열어젖히는 것과 같다. 그 틈 속에서 전체성이 흘러나온다. 마침내 그 틈은 우리의 골수를 가르고 우리를 전체성에 빨아들인다.

23

따누의 둘째 딸 빠리는 발육이 부진하다. 태어날 때부터 미숙아였다.

니띤과 따누는 젊고 건강하며, 첫딸 삐후도 더할 나위 없다.

그런데 빠리는 그렇게 태어났다. 지니는 이 문제에 대해 한 번도 언급한 적이 없고, 그들 부부도 그렇다.

니띤은 빠리에 대한 사랑이 각별하다. 퇴근을 하고 돌아오면 늘 빠리를 끼고 산다.

다행히, 삐후는 이런 빠리에 별로 질투를 느끼지 않는다. 본능적으로 자신과 경쟁 상대가 되지 않음을 아는 듯.

그리고 삐후는 외부 세상에 더 관심이 많다.

그러던 중, 지니는 오늘 따누에게서 이런 얘기를 듣는다.

따누: 편잡에 있는 언니가 빠리를 자기들이 키우겠다고 그래요.

따누의 언니는 10살 가량의 아들이 하나 있고, 살림도 넉넉한 편이다. 먼 도시에 사는 언니이지만, 가족 행사가 있으면 언제나 가난한 따누와 남동생이 있는 이곳 하리드와르를 찾는다.

지니: 따누는 어떻게 생각해요?

인도는 남아 선호가 극심하며, 지니가 삐후를 무척 예쁘게 여기자, 삐후를 데려다 키우라고 농담을 하곤 했다.

따누: 그건 말도 안 돼요. 빠리는 제 아기예요.

지니: 언니가 따누에게 그런 말을 한 이유를 알지요?

언니는 빠리의 미래와, 혹 있을 수 있는 따누와 니띤의 관계를 걱정하는 거예요.

빠리로 인해 따누의 가정에 중대한 문제가 발생할 수 있어요.

따누: ………………….

지니: 니띤과는 상의해 보았어요?

따누: 그는 명쾌해요. 빠리와 삐후는 영원히 자기 딸이래요.

그러나 따누의 마음은 아직 복잡한 듯하다.

'그래, 부모와 자식은 원래 하나의 몸이었는데……

우리 눈에 갈리어 있다고 그들이 진정 다른 존재일까?'

자식을 가져보지 않은 지니는 그들 부부의 심경을 정확히 헤아릴 길이 없다.

그러나, 지니는 스스로에게 한 가지 질문을 던진다.

'내가 그들의 자리에 서 있다면,

따누일까? 니띤일까?'

〈 까타 I.3.3 〉

Know the Self as the lord of the chariot
and the body as, verily, the chariot,
know the intellect as the charioteer
and the mind as, verily, the reins.

그것을 전차의 주인으로, 몸을 전차로,
지성을 마부로, 마음을 고삐로 여겨라.

우리는 흔히 인간을 몇 부분으로 분류해서 이해한다. 그만큼 복합적이고 미묘해서 그러리라. 보다 단순한 분류는 몸과 마음과 배경으로의 분류이다. 몸은 생물학적 요소를 의미하고, 마음은 감성과 지성과 의지를 모두 포함하는 개념적 이미지의 전개 과정을 가리킨다. 배경은 그 모두를 허용하며 지켜보는, 판단이 없는 의식이다. 몸을 마음과 나누어 생각하지만 거칠고 미세하며, 단순하고 복잡하다는 차이뿐 둘은 같은 물질이다. 마음은 판단하는 의식의 통합적 조직이고, 몸은 단편 의식들의 보다 덜 조직화된 집단이다. 우리의 각 세포에 단일 의식들이 깃들어 있기 때문이다. 세포를 기반으로 하는 의식들이 조직화를 통해 몸을 만들고 마음을 만들며, 그것이 '나'라는 가상의 경계를 설정함으로써 한 인간이 형성된다.

몸과 마음은 엄밀한 경계가 없다. 우리의 감각과 인식의 측정 크기에 의한 편의상의 분류이다. 몸을 등한시 하는 것은 국가 경제에서 1차 산업을 무시하는 행위이며, 정치적 견지에서 대다수의 유권자를 소외시키는 권력의 남용이다. 몸은 마음이 권력을 행사하도록 하는 바탕이며, 마음이 행하는 많은 업무가 몸에 저장되어 있다. 인간의 뇌는 컴퓨터의 CPU(중앙연산 처리장치)이며 몸은 메모리 카드에 해당한다. CPU는 각종 계산과 프로그램들이 작동하고 연계하도록 하는 통제탑 역할을 하며, 기본 데이터는 대부분 메모리에 저장되어 있다. 인간에게 있어 단기 기억과 일부 장기 기억은 뇌에 저장되지만, 감정과 생존에 관련된 많은 정보가 뇌세포 바깥인 몸의 각 세포에 저장되어 있다. 의학계에서도 '의식의 단일-뉴런 이론(single-neuron theory of consciousness)'이 대두되었고, 우리는 일상의 많은 것들을 몸이 기억하고 있음을 경험하고 있다. 뇌의 역할이 타 기관에 비해 월등한 것은 사실이나 뇌가 인간을 대표하지는 않는다. 또한 마음은 뇌 세포와만 관계하는 것이 아니며, 말단 각 세포들과 뇌의 종합된 의견이 마음이다. 마음은 몸이 가진 정보와 의견을 표현하고 소통하는 매개이며, 동시에 외부 세계의 정보를 수집, 정리, 전달하고 몸과 외부 세계를 조율한다. 마음은 중앙 행정부이다. 마음과 몸은 그릇의 안과 밖이다. 마음은 그릇의 기능이고, 몸은 그릇의 골격을 형성한다.

24

지니의 동창생 산지브는 이상주의자이다. NGO 활동도 하는 그의 요즘 고민은 마을의 수질과 쓰레기 문제이다.
방법이 있으나, 행정력이 필요하여 오늘 샤르마를 찾아 왔다.

산지브: 마을 사람 대부분이 지하수를 먹는데, 몇 년 사이 수질이 많이 나빠졌어요.
샤르마: 그래? 그럼 관을 더 깊이 박아. 아래쪽은 아직 쓸 만하지.

샤르마다운 대답이다.

산지브: 가난한 사람들은 그럴 수 없어요.
이 문제는 마을에 뒹구는 쓰레기와도 관련이 있어요.
길거리와 하수구의 쓰레기가 썩어 그 물이 지하수를 오염시켜요.
샤르마: 오~~, 그래! 쓰레기와 하수구, 수질을 한꺼번에 해결한다……. 비용이 꽤 들겠는걸!

샤르마는 여전히 냉소적이다.

산지브: 생각보다 많이 들지 않을 수도 있어요.

샤르마: 그러면, 자네의 묘수를 한 번 들어볼까?

산지브: 사람들에게 생활 쓰레기를 하수구에 버리지 못하게,

자기집 길 앞은 본인들이 매일 청소하게 교육하는 거예요.

종이와 나뭇잎은 소각하고, 다른 것은 지정된 장소에 모아 두었다가,

시市에서 나오는 쓰레기 수거차로 해결하면 돼요.

샤르마: 교육이라~~~, 지정된 장소라~~~!

산지브: 사람들만 모아 주면, 교육은 제가 하지요.

환경이 병들면 인간도 병들어요. 환경과 우리는 같은 생명 고리를 가졌잖아요.

땅을 가진 사람들이 조금씩 협조하도록 아저씨가 힘을 써 주시면…….

샤르마: 자네의 아이디어는 늘 참신해. 그리고 멋지지.

문제는 말이야~~.

자네는 사람을 몰라!!

산지브: …………….

샤르마: 자기 집 마당 앞을, 자기 밭 한 모퉁이를 파리와 쥐들의 천국으로 만들고 싶은 사람이 있다고 보나?

산지브: …………….

샤르마: 자네 말처럼 세상에 독자적인 것은 없어.

세상은 분명 하나의 존재지.

그러나, 자네는 환경만을 생각하고 인간을 소외시키고 있어.

수전노라 깔보았던 샤르마. 그런데…… 오늘은 그를 반박할 말을 찾지 못한다.

샤르마: 자네가 훌륭한 공부와 활동을 한다는 것은 알지,

그러나……

자네의 계획엔 '인간의 마음이 어떻게 움직이나?'라는 점이 빠져 있지.

샤르마는 이상주의자인 산지브와는 달리 생활에서 답을 찾아가는 현실주의자다.

샤르마: 자네는 위에서 세상을 내려다보지만,

나는 아래에서 세상을 올려다보지.

〈 까타 I.3.4 〉

The senses, they say, are the horses;

the objects of sense the paths (they range over);

(the self) associated with the body, the senses and the mind

– wise men declare – is the enjoyer.

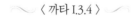

감각은 말馬이요, 감각의 대상은 말이 달리는 길이라면,
몸과 감각과 마음으로 이루어진 그는
그 모두를 즐기는 자이네.

몸과 마음은 막대기의 양쪽 끝이다. 그들은 각기 다른 방향을 가리키고 있으나, 결국 하나이다. 부분의 통합이 하나의 개체를 만들고, 이것이 세상에 굴러간다. 말馬은 자신이 달릴 들판, 즉 길을 필요로 한다. 들판이, 길이 없는 말은 어디에 쓰일까? 그래서 길 또한 말과 하나이다. 이처럼 세상의 모든 것은 독자적으로 존재할 수 없다. 말이 있고, 길이 있고, 이들이 놓이는 들판이 있다. 들판은 이 모두가 뛰어 노는 마당이다. 마부와 전차와 고삐와 말과 길을 떼어 놓고 볼 일이 아니다. 이 모두를 즐기는 자는 그들을 하나로 본다.

25

지니는 이웃들보다 두 시간 정도 일찍 저녁을 먹는다. 지니의 저녁은 조금 빠른 편이고, 인도인들은 조금 늦다.
저녁을 먹은 지니는 옥상에서 바람을 잠시 쐬고 내려온다.
계단 끝 무렵,
따누가 방에서 얼굴을 빠끔히 내밀며 미소 짓는다.

따누: 들어와서 TV 좀 보세요. 영화가 재미있어요.
지니: 아직 니띤 안 왔어요?
따누: 오늘 조금 늦데요. 아쉬람에 행사가 좀 있어서…

지니는 어색하게 따누의 방으로 이끌린다. 삐후는 누워 버둥대는 빠리를 약 올리느라 정신이 없으며, TV에선 여배우가 한창 애로틱한 춤을 추는 중이다.
그러나, 짧지 않은 이곳 생활에 지니는 이미 그런 영화에 흥미를 잃은 지 오래다.

따누: 재미있어요?

지니: 아~, 예~…….

어찌 따누를 속일 수 있을까? 매일 얼굴을 보며, 한 식구처럼 사는 눈치 9단의 그녀를…….
지니는 솔직해지기로 한다.

지니: 사실, 별 재미없어요.

따누: 왜요?

지니: 제가 이곳 영화를 수 십 편 보았잖아요! 비슷한 음악과 춤에, 늘 같은 줄거리, 액션….
새로운 게 전혀 없어요.

따누: 지니는 뻬후를 닮았군요. 새로운 것에 열광하는……

지니: 꼭, 그런 건 아니에요. 그저~~, 너무 같으니까……

따누: 뭐~ 그럴 수도 있겠네요. 하지만, 지니가 힌디를 몰라서 그래요.
내용을 알면 감동적이죠.

지니는 시큰둥하다.
속으로 '그건 힌디의 문제가 아닌데……, 너만 센스가 있는 게 아니야!'
그래도 둘은 말없이 영화에 몰두한다.
그런데……

'이 느낌은??'

물끄러미 여배우의 춤을 보고 있던 지니의 가슴에 뭔가가 꿈틀대고 있다.

숨이 서서히 조여오고, 등줄기가 뜨거워지며, 동공이 더욱 커진다.

'흐~~~~~~~ㅋ'

지니는 자신도 모르게 큰 호흡을 한다. 여배우의 춤을 느끼고 있다.

지금껏 따누는 춤의 더 깊은 곳을 보고 있었던 것이다.

따누는 슬쩍 지니를 돌아보며 짓궂은 미소를 보낸다.

〈 까타 I.3.5 〉

He who has no understanding,
whose mind is always unrestrained,
his senses are out of control,
as wicked horses are for a charioteer.

이해가 없으면 그의 마음이 제멋대로이고,
심술궂은 말이 마부에게 그러듯
그의 감각은 통제를 벗어나네.

춤에는 질서가 있다. 정신이 나간 사람의 몸부림을 우리는 춤이라 하지 않는다. 그곳엔 방향성, 곧 질서가 없기 때문이다. 일차적으로 춤은 몸의 움직임이다. 그러나 여기엔 몸의 움직임 외에 무엇이 더 있다. 그것은 또 다른 차원에 속해 있는 감정이란 것이다. 무용수는 자신의 정서를 신체적 동작에 코드화시켜 담고, 그 코드가 관객의 시각에 닿아 느낌을 발생시킬 수 있도록 한다. 춤의 본질은 눈에 보이는 것을 통해 보이지 않는 무엇을 함께 공유하는 것이다. 많은 경우 감각 또한 감각 이상의 무엇을 담고 있다. 우리에겐 세상의 다양한 층을 볼 수 있는 눈이 있다. 깊은 곳, 더 깊은 곳을 볼 수 있을 때, 우리는 점점 더 전체성에 다가간다.

26

오늘은 두세라Dussehra 축제일, 학교와 관공서가 며칠 휴무다.
행사는 샤르마의 안마당에서 시작한다.
간단한 종교예식이 있고, 제대로 차려 입은 몇 사람이 인사말을 한다.
빠룰도 언니랑 같이 한 쪽에 서 있다. 두 자매는 동네에서 옷을 가장 잘 입는다. 전통 의상이 아닌 현대식 옷만 입는데, 색감이나 감각이 탁월하다. 신분과 집안의 여건이 그들을 그리 만든 것이리라.
지니는 마당과 옥상을 분주히 다니며 사진 찍기에 바쁘다. 그 와중에도 빠룰을 놓칠 수는 없다.
빠룰은 달라붙는 청바지에 연한 겨자색 셔츠, 하늘하늘한 스카프로 포인트를 줬다.
오늘은 지니의 시선과 앵글을 애써 피하지 않는다. 날이 날이니만큼……
이제 시가 퍼레이드가 시작된다.
오늘 마당놀이의 출연자들이 대여섯 대의 화려하게 장식된 마차에 나누어 탔고, 악단과 마을 사람들은 그 뒤를 따르며 춤을 춘다. 이렇게 서너 시간이 지난 뒤, 해가 지고 나면 인도 서사적 영웅 람(Rama)와 악당 라와나(Ravana)의 처절한 전투가 있고, 대형 라와나 인형을 불태움으로써 극은 막을 내릴 것이다.
빠룰과 쁘리앙까도 행렬을 따르며 가끔씩 친구들과 춤을 춘다. 데라둔에 가 있던 몇 달 동안 빠룰의 골반이 더 커졌다. 그녀는 아직도 성장하고 있나 보다.
해질 무렵,
샤르마 소유의 빈 터에 수 백 명이 모였다. 주위 건물 옥상과 창가엔 목을 빼고 있는 관객으로 장식되었고, 구경꾼의 입맛과 아이들의 호기심을 자극하는 장사꾼들의 가판대가 이미 포진을 끝냈다.
지니는 조금 떨어진, 빠룰이 잘 보이는 각도에 자리를 잡는다.
둘의 눈이 가끔 마주친다.
그 두 개의 힘이 소용돌이를 이루더니, 마침내 작은 블랙홀을 만들고, 귀의 고막을 가득 메운 폭죽과 출연자의 대사와 군중의 웅성거림을 남김없이 빨아들인다.
그리고,
두 개의 눈빛만 알 수 없는 깊은 터널을 맹렬히 달린다.
그들은 모든 것을 상실하는 '특이점'을 넘고 있다.
람Rama이 악의 세력을 물리치고, 그의 아내 시따Sita를 구하는

그날,

지니와 빠룰은 세상이 사라진 그 지점을 넘어, 온전히 하나로 녹아들고 있었다.

〈 까타 I.3.9 〉

He who has the understanding for the driver of the chariot
and controls the rein of his mind,
he reaches the end of the journey,
that supreme abode of the all-pervading.

전차의 운영을 이해하고 마음의 고삐를 조종하는 자,
여정을 마치고 모든 것이 스며든 전체성에 도달하네.

몸과 마음 외에 인간을 구성하는 것에는 배경이 있다. 몸/마음이 '나'라는 개체성을 가진다면, 배경엔 이 개체성이 없다. 개체성이란 특정한 시스템이 활동하고 영향력을 미치는 영역이다. 대부분의 시스템은 몸/마음처럼 거친 것과 미세한 것으로 이루어져 있으며, 개체성은 이 영역에 통일성을 부여하고 '자신'과 '타자'에 대한 경계를 설정한다. 그런데, 자신의 영향력을 표시하는 이 경계는 고정된 것이 아니라 가변적이다. 인간의 경우 그 가변성이 극심하다. 그리고 인간에겐 몸/마음이라는 가변적 시스템과 함께 영역이 나뉘지 않는 배경이 있다.

이 배경은 모든 시스템에서 항상 발견되는 요소이다. '나의 시스템'은 가능하나, '나의 배경'은 가능하지 않다. 배경은 모든 것에 깃든 공통분모이기 때문이다. 각 시스템이 뿌리를 내린 땅이다. 모든 시스템은 이 배경을 통해 하나로 연결되어 있다. 스스로 드러나지는 않으나, 시스템의 존재를 통해 배경은 발현된다. 하나이면서 하나가 아니며, 멀리 있는 듯 바로 다가와 있으며, 안에 있으나 늘 밖에 있고, 활발히 움직이나 미동을 않는 것, 이것이 배경이다. 인간 시스템은 이 배경이 있기에 가능하다.

인간의 근원은 배경이고, 몸/마음이 울타리를 치고 '나(我)'를 선포한다. 시골 장터에 무수한 상인이 전을 펼쳐 '내 가게'를 선포하고, 헤아릴 수 없는 손님들이 오고 간다. 누가 장터의 주인인가? 해가 지고 어둠이 내려앉으면, 장터엔 아무도 남지 않는다. 인간이란 낮 시간에 이루어지는 상거래이다. 발생했다 사라지는 사건이다. 배경엔 주인이 없다. 사건만이 있다. 사건엔 모두가 주체이고 모두가 객체이다. 배경 위에 상호 관련만이 펼쳐진다. 전체성에 이르기 위해 우리가 이해해야 할 것은 이러한 인간의 구조이고, 조정해야 할 것은 '나'에 대한 개념이다.

27

빠룰은 매주 토요일 집으로 와서, 월요일 아침 데라둔으로 돌아간다. 시험기간엔 2-3주씩 오지 않는다.
그 기간들이 오히려 지니에겐 마음이 편하다. 들끓는 감정들을 그나마 잠재울 수 있으니.
지니는 되뇌고, 또 거듭 되뇐다.
'이 강을 건널 수는 없어. 아니, 건너선 안 돼.'
어제 저녁,
빠룰이 집에 왔고, 오늘 아침 샤르마의 집에선 뿌자(종교예식)가 있다. 뿌자리(Pujari: 힌두예식 집행자)가 오고, 두어 시간의 복잡한 예식이 끝났다.
평상시와 같은 안정을 찾아갈 무렵, 쉬바가 지니의 방문을 두드린다.

쉬바: 엄마가, 조금 있다 점심 먹으러 오래요.

지니: 점심? …… 왜?

쉬바: 나도 잘 몰라요. 뿌자 때문에 별다른 음식을 좀 한 것 같아

요. 그래서……

지니: …… 조금 있다? …… 정확히 언제?

그들의 시간 개념은 모호하다. 구멍을 뚫어 놓지 않으면 낭패를 보기 십상이다.

쉬바: 준비되면 제가 다시 올게요.

지니는 샤르마네 거실로 들어선다. 빠룰이 인사를 하는 둥, 부엌으로 사라진다. 사비따가 부엌에서 나와 지니를 맞이하고, 샤르마는 이미 집을 나가고 없다. 지니와 쉬바 둘만 식탁에 앉는다. 이곳 풍습으론 집안 여자들은 남자 손님과 한 식탁에 앉을 수 없다.

쁘리앙까가 열심히 음식을 나른다. 충분하다 해도 그녀 특유의 애교로 막무가내다.

오늘 잘못 걸렸다. 저녁은 포기해야 할 판이다.

식사를 마치고, 부엌에서 나오는 사비따에게 지니는 고맙다는 인사를 한다.

빠룰이 저 편, 부엌 커튼 뒤에서 살짝 얼굴을 내민다.

지니는 눈빛이 오고 가는 둘 사이의 거리를 넘어, 더 다가갈 수 없다.

그녀는 전통과 아버지라는 한계 상황과 싸우고 있으나,

지니는 자신의 감정을 해체하느라 몸부림이다.
도대체 무엇을 위해?

〈 까타 I.3.10〉

Beyond the senses are the objects (of the senses) and
beyond the objects is the mind;
beyond the mind is the understanding and
beyond the understanding is the great self.

감각을 넘어 감각의 대상이,
그 대상을 넘어 마음이,
그 마음을 넘어 이해가,
그 이해를 넘어 위대한 그것이 있네.

배추나 양파가 층으로 이루어져 있듯, 인간과 세상도 여러 층으로 이루어져 있다. 이 층을 차원이라 표현할 수 있다. 차원이란 특정 원리가 작용하는 한정된 영역이다. 그 원리는 자신의 영역 안에선 온전한 영향력을 행사한다. 그러나 그 경계가 뚜렷하다. 그 너머엔 다른 차원이, 다른 원리가 놓여 있다. 차원은 겹겹이 무한대로 쌓여 있고, 이것은 또한 질서를 가지고 엮여 있다. 모음과 자음, 음절, 단어, 문장, 문단… 처럼, 각 차원은 독립적이나 한

편으론 계통을 가지며 상호 관련한다. 각각의 배춧잎이 모여 하나의 배추를 이루듯, 세상은 무수한 차원의 통합적 산물이다. 세상에 무수한 원리와 견해와 그들의 충돌과 협력이 있는 것은 이 무한대의 차원들 때문이다. 그래서 세상은 울퉁불퉁, 오락가락, 갈지자를 걷는다.

감각은 자신의 질서와 규칙을 가진다. 마음도, 마음을 넘은 이해도, 그 너머의 그것도. 이것들은 하나의 계통을 이루며 인간을 구성한다. 각 차원의 규칙은 그 영역 안에서 존중되어야 한다. 어떤 이는 감각을 혐오한다. 감각이 마음을, 그 너머를 성가시게 하기 때문이다. 그래서 감각을 인간의 영역에서 배다른 형제로 취급한다. 버리고 싶지만 상황이 자꾸 자신과 엮어 놓는다. 이것이 고통스러운 것은 자신에 대한 협소한 견해 때문이다. 보다 확장된 견해 안에선 피부색이 다른 외국인도 한 형제가 되는 것이다. 감각은 배다른 형제가 아닌, 직계 가족이다.

위대한 것(이해를 넘은 그것)은 감각과 마음을 떠나 있지 않다. 감각이, 마음이 확장되어 위대함에 이른다. 감각이 전체성에 닿을 때, 그 감각은 곧 위대함이다. 미다스Midas의 손이 닿으면 황금이 되듯, 전체성에 닿는 무엇이나 그것은 위대함으로 변한다. 감각이, 마음이 저주스러운 것이 아니다. 감각과 마음과 싸우고 있을 것이 아니라, 전체성을 향한 길을 떠나자.

28

지니의 냉장고가 말썽이다. 냉동실은 냉장실로, 냉장실은 더운 기운이 없는 게 그나마 다행이다.

어제 전화를 걸어 서비스를 부탁했는데, 오질 않았다. 오전에 계속 전화 중이다. 이 번호, 저 번호, 모두 먹통이다. 마침내 통화가 되고, 두 시간 뒤에 온다는 확답을 받는다.

두 시간 뒤,

소식이 없다. 지니는 따누에게 전화를 부탁한다. 입이 걸쭉한 따누는 전화기에 대고 격한 단어를 꽂아 넣는다.

효과는 있어, 저녁 무렵 두 명의 기사가 왔다. 브라흐민의 힘이다.

기사: 여기선 안 되겠는데요. 가스관이 조금씩 새는 것 같아요.
내일 저희 사무실로 보내주셔야……

지니는 마음이 착잡하다. 맘 먹고 큰 것을 샀는데, 작년 우기에 오랫동안 방을 비운 것이 화근이다. 습기가 가스관에 부식을 일으킨 듯하다.

지니는 오늘 파김치다. 내일은 또 무슨 사건이 발생할지…….

지니는 이곳 사람들을 믿지 않는다. 특히 그들의 말은…….

따누에게 고맙다고 하며, 속에 있는 푸념을 털어 놓자,

따누: 이곳 사람들이 그런 면이 있기는 해요……. 근데, 모든 사람이 그런 것은 아니에요.

지니: 아뇨. 제가 오래 전부터 이곳을 드나들며 살아오고 있지만, 저의 결론은 분명해요.

따누: 저도 못 믿어요?

지니: 어~~, 아니~~, 그런 것은 아니지만…….

따누: 그것 봐요! 믿는 사람도 있잖아요……. 호호호.

따누의 화법은 직설적이고 강력하다. '나이도 어린 것이 어디서 저런 배짱이 나오나?'

지니: 모든 것에 예외란 것이 있지요. 따누는 그 경우이고…….

따누: 왜 이 곳 사람들의 말과 행동이 다르다고 생각해요?

지니: 저도 그것이 궁금해요. 전혀 그럴 것 같지 않은 사람들이…….

따누: 여러 이유가 있을 수 있겠지만…….

자신보다 신분이 낮은 사람을 무시하는 경향이 있어요. 사람에 정성을 들이지 않지요.

함부로 약속하고, 대수롭게 생각지 않아요.

신분이 높을수록 더 그래요. 저도 그렇지만…… 호호호.

지니: 맞아요. 정성이 없으면 신뢰가 없죠.

〈 까타 I.3.13 〉

The wise man should restrain speech in mind;
the latter he should restrain in the understanding self.
The understanding he should restrain in the great self.
That he should restrain in the tranquil self.

지혜로운 자는 말(言)을 마음에 담아두고,
마음을 이해에 담아두고,
그 이해를 위대한 그것에 담아두고,
위대한 그것을 평정함에 담아두네.

말(言)은 마음이라 할 수 있는 생각과 견해에서 나온다. 생각과 견해는 개념으로 이미지화 되기 이전인 '이해의 방향성'에 근거한다. 이것은 오랜 기간의 정보와 생각과 견해들이 농축되어 하나의 코드로 형성되어 있다. 이것은 간단히 툭 꺼내기는 어렵지만, 개인의 모든 언어와 행위를 통해 나타난다. 한 개인의 기본적 경향성이라 할 수 있다. 개인의 이것을 파악하게 되면, 그의 말과 행위를 쉽게 이해할 수 있고, 그가 앞으로 어떤 말과 행동을 보일지 어느 정도 예측이 가능하다. 그래서 이것은 한 개인을 규정할 수 있는 기본 자료이고, 페르소나persona 혹은 개인성personality이라 하기도 한다. 이것은 인간이 가진 일반 구조에 해당한다.

많은 사회적 혼란이 일어나는 것은, 인간의 이 기본 경향성에서 언어까지의 표현 과정이 투명하고 직선적이지 않고, 많은 경우 왜곡되어 있다는 점 때문이다. 말은 '가'라고 하나, 그의 경향성을 들여다보면 '거'이다. 이 경향성의 방향과 표현 상태가 한 개인의 인격을 결정짓는다. 현대인들은 사람들의 말과 글을 신뢰하지 않는다. 말과 글과 행동이 그의 내면에 닿아 있지 않기 때문이다. 또 다른 현상은 말과 글과 행동을 다른 곳에서 잠시 빌려온다는 사실이다. 애초부터 자신의 개인성과는 관계없이, 필요에 의해, 혹은 유행이기에 어떤 말과 글을 내뱉고 행위를 모방한다. 현대인의 삶이 가볍고 얄팍해지는 이유이다. 그들은 경제원리를 뒷받침하는 '넓이'의 강박에 의해 '깊이'를 점점 잃어가고 있다.

인간의 내면은 '경향성'에서 끝나지 않는다. 이 경향성이 흐르는 배경이 있다. 모든 경향성들이 이 배경 위를 흐른다. '나의 배경', '너의 배경'이 있는 것이 아니다. 배경은 경향성, 즉 페르소나를 넘은 보편성이다. 경향성들 사이엔 충돌이 자연스럽고 당연하다. 그러나 배경엔 충돌이 없다. 그래서 배경엔 평정함이 가능하다. 말과 글이 배경에 닿아 있을 때 비로소 전체성과 평정을 내뿜는다.

29

샤르마가 아침부터 마당을 서성댄다. 복장을 봐선 멀리 갈 모양새인데, 혼자는 아닌 것 같다.

오늘 빠룰의 셋째 외삼촌 결혼식이 리쉬케쉬에서 있다.

사비따가 푸른색 계열의 사리(인도 전통 여성의상)를 입고 현관을 나온다. 귀걸이며 목걸이, 한껏 치장을 하였다.

샤르마가 기분이 좋은 모양인지 걸음이 건들건들, 턱이 오른쪽으로 약간 나오며 입 끝이 올라간다.

잠시 후, 쁘리양까와 빠룰이 나온다.

순간,

샤르마의 턱이 다시 들어간다. 뭔가 심사가 틀어진 모양이다.

샤르마: 너희들은 사리 안 입니?

쁘리양까: 사람도 많을 텐데…… 불편해서요.

샤르마: 그러니까 오늘 같은 날, 더 사리를 입어야지. 너희 외삼촌 결혼식인데.

사비따: 애들 편하게 놔 두세요. 다 큰 애들 옷까지 참견하고…….

샤르마: 집안 어른이나 손님들도 오실 텐데, 예의를 갖추어야 지…….

어른들이 나를 흉봐!! 애들 제대로 못 키운다고…….

쁘리앙까: 아빠, 요즘 이 정도는 괜찮아요. 그래도 이건 점잖은 옷이에요.

아빤 너무 몰라……. 세상이 자꾸 변해 가고 있는데…….

그래도 샤르마에게 대드는 건 쁘리앙까뿐이다. 빠룰은 언니 뒤로 슬쩍 피한다.

샤르마: 옷이란 그냥 옷이 아냐. 많은 걸 보여주지. 신분과 품위와……

쁘리앙까: 아빠, 그런 건 우리도 알아요. 현대식 옷도 멋과 품위가 있어요. 표현의 방식이 바뀌고 있어요. 왜 아빠는 옛것만 고집하는 거죠?

샤르마: 전통이란 많은 가치를 가지고 있어. 오랜 세월 동안 확인되고 가꾸어진 가치들이지. 너희들도 그 혜택을 보며 자랐고, 앞으로도 우리 사회를 지켜줄 가치들이야.

그리고 전통에 대한 대표적 이미지는 옷이고….

쁘리앙까: 그런 가치를 부정하진 않아요. 그러나 그 표현은 다를 수 있잖아요?

오히려 다양한 표현과 변화를 통해 그 가치를 더 발전시켜

야죠.

전통을 발전, 성장시켜야 그것이 진정으로 전통을 아끼는 자세가 아닐까요?

샤르마의 머리엔 많은 말들이 맴도나, 막상 입 밖으로 나올 수 있는 말이 없다.

하루 하루 아빠의 권위가 실추되고 있는 것일까? 세상이 정말 변하고 있는 것일까?

리쉬케쉬로 향하는 샤르마는 조용히 운전대만 잡고 있다.

〈 까타 II.1.1 〉

The Self is not to be sought through the senses.
The Self-caused pierced the openings (of the senses) outward;
therefore one looks outward and not within oneself.
Some wise man, however, seeking life eternal,
with his eyes turned inward, saw the self.

감각에 의해 찾아지지 않는,
스스로 생겨간 그것은 감각의 구멍들을 꿰뚫고 지나가니;
어떤 이는 밖에서만 찾으나,

지혜로운 자는 영원한 생명을 찾으며,
눈을 안으로 돌려 그것을 보네.

현대의 산업은 기능보다는 많은 부분 이미지에 의존하고 있다. 이미지는 감각의 총화이며 인류 문명의 꽃이다. 이것은 시각과 청각은 물론이고 언어와 각종 부호를 포함해 인간의 사고와 감성을 지배한다. 이러한 사람을 움직이는 이미지의 힘을 현대 산업은 잘 알고 있다. 그러나 이 사람의 움직임이란 표층적 움직임이다. 이 움직임은 사람들에게 '넓이'를 제공한다. 과거 식민지 시절 서구 사회는 엄청난 확장을 경험하였다. 많은 재화와 새로운 문명이 쏟아져 들어왔고, 그들에겐 '넓이'가 곧 성장과 발전을 의미했다. 오늘은 이미지가 새로운 부富와 문명을 창출하고 있다. '넓이'에 '이미지'를 더한 것이다. 그러나 '넓이'가 주는 성장은 인간을 쉽게 지치게 만든다. 인간이란 용량에 한계가 있는 존재이기 때문이다. 그래서 우리는 다른 무엇을 찾는다. 복잡하지 않으며 싫증나지 않는 그 무엇을.

숭숭 뚫린 감각의 구멍을 유유히 지나다니는 그것은 이미지가 아니다. 그것은 존재의 깊은 곳에 자리한 배경이다. 넘실대는 이미지들의 간격 사이에 있는 배경이다. 이미지는 끊임없는 변화를 동반한다. 그래서 금방 지치고 불안에 노출된다. 인간은 항구한 것에 대한 갈구를 가지고 있으며, 그것은 우리의 깊은 곳, 근원에 닿을 때 얻을 수 있다. 이미지 바깥의 그 세계는 광대하다. 그것은 행성이나 항성을 벗어난 우주 공간과 같다. 이 배경은 이미지가 멈출 때 드러난다. 그러나 우리의 일상은 이미지에 중독되어 있다. 감각을 넘어, 이미지를 넘어 우리를 떠받치고 있는 배경을 놓치고 있다. 우리가 보아야 할 것은 빛나는 별이 아닌, 어두운 배경이다. 행복은 배경에 있다. 평정은 배경에 있다. 영원함 또한 배경에 있다.

30

옛날 어느 마을에 옹기장수가 들어왔습니다. 그는 사원 앞 나무 아래서 옹기를 팔았습니다. 낮에는 옹기를 팔고 밤이면 사원에서 잠을 잤습니다. 그 마을에선 그가 어디서 왔는지, 어떤 사람인지 아무도 몰랐습니다. 그는 말수가 적었고, 가족도 없어 보였습니다. 그가 파는 옹기는 질이 좋았기에 마을 사람 누구나 옹기를 몇 개씩 사갔습니다.

그런데 이상한 것은, 그는 옹기를 팔 때마다 흙을 한 줌씩 옹기 속에 담아 주었습니다. 처음엔 이상하여 물어도 보고, 짜증도 내어 보았지만, 그는 웃기만 할 뿐이었습니다. 그리고 흙을 담지 않고는 결코 어떤 가격에도 옹기를 팔지 않았습니다. 마을 사람들은 그가 조금 이상해 보였지만 나쁜 사람 같지는 않았기에 별로 개의치 않았습니다. 그리고 그의 옹기를 사는 사람들도 곧 그의 그런 행동에 익숙해졌습니다. 새 옹기를 사가면 누구나 흙을 비우고 옹기를 깨끗이 씻어, 곡식이나 물을 담아 두었습니다.

그러던 어느 날, 그는 옹기를 버려둔 채 온종일 사원에 앉아 명상에 잠겼습니다. 하루 이틀, 한 달 두 달, 일년 이년. 이제 마을 사람들은 명상에 잠긴 그의 모습에 더 익숙해졌고, 그의 소문은 다른 마을로까지 펴져 나갔습니다. 그는 그 마을의 자랑이 되었고, 마을 사람들은 그런 그의 생활을 보살펴 주었습니다.

멀리서 찾아 온 사람들이 그에게 가르침을 청하면, 그는 사원 밖에 쌓여 있는 옹기를 가져오게 하여 흙을 한 줌 담아 주었습니다. 그리고 그는 다시 깊은 명상에 잠겨 버렸습니다. 사람들은 처음 그가 나타났을 때부터 하던 그 행동이 여간 궁금한 것이 아니었습니다.

'옹기 속의 한 줌 흙.'

사람들은 그 행동이 예사롭지 않음을 직감할 수 있었지만, 그 뜻을 정확히 알 수가 없었습니다.

많은 사람들이 이 옹기의 수수께끼를 명상하기 시작했고, 옹기 이야기는 부녀자들의 잡담이나 아이들의 놀이에 이르기까지 일상생활 속에 깊이 깊이 배어들어 갔습니다. 그리고 하나 둘, 그 사원에서 그와 함께 명상에 잠기는 사람들이 늘어났습니다. 한 가지 특이한 것은, 그와 함께 명상에 잠기는 사람들은 더 이상 그 옹기에 대해서 이야기하지도 않았고, 그것에 관심도 없다는 것이었습니다.

그러던 어느 날, 옹기장수는 그가 마을에 나타날 때처럼 갑자기 어디론가 가 버렸습니다. 마을엔 온통 난리가 났지만, 사원은 여느 때처럼 고요한 명상에 잠겨 있었습니다. 세월은 흘러 명상에 잠기던 이들은 모두 사라졌지만, 사원 밖의 옹기는 오늘도 흙먼지를 뒤집어쓰고 묵묵히 사원을 지키고 있습니다.

〈 까타 II.1.9 〉

Whence the sun rises and where it goes to rest;
in it are all gods founded and no one ever goes beyond that.
This verily, is that.

태양이 떠오르고 쉬는 곳;
모든 것은 이곳에 담겨 있고 어느 것도 벗어나질 않네.
이것이 바로 그것이네.

태양과 모든 것이 담기는 곳, 그곳은 배경이다. 앞의 이야기 '옹기 속 한 줌 흙'은 어떻게 그 배경이란 그릇이 사용되어야 하는가를 보여준다. 옹기가 제대로 쓰이기 위해선, 우선 그 옹기가 깨끗이 비워져야 한다.

31

선거철이 되었다. 중앙 정부와 주 의원을 뽑는 총선이다. 거리 곳곳에 현수막과 후보들 사진이 나붙는다.

따누는 요즘 신경이 날카롭다. 선거 홍보 차량이 수시로 뻬후와 빠리의 낮잠을 빼앗기 때문이다.

따누: 삶에 전혀 도움이 되지 않는 사람들, 정말 미워요.

지니: 그래도 누군가 저런 일을 해야 되고, 가끔씩은 그럴듯한 일을 하잖아요.

음…… 우리 동네는 도로포장이 꽤나 잘된 편이고, 전기도…….

따누: 지니, 오늘 심심해요? 저와 한 번 해보자는 거예요?

지니: 아~~, 그건 아니고, 저는 단지 세상이 그렇게 돌아간다는 거지요.

따누: 저 사람들 뽑아주면, 하는 일이란 싸움질과 뒷돈 챙기는 것밖에 없어요.

누구를 뽑든 다 똑같죠……. 정말… 정치인들은 사회의 암과 같은 존재에요.

지니: 꼭 그런 건 아니에요.

음…… 정치는 사회의 호흡과 같아요. 사람이 숨을 제대로 못 쉬면 죽죠?

정치가 멎으면 사회의 생명이 멈추어요.

정치도 소통이 목적이에요. 국민과 정부 사이에, 그리고……

그들 사이에 흐르는 세금과 국민 생산물,

또한, 고립되거나 소외되는 사람을 사회에 연결시키죠.

따누: 정치인이 해야 할 일이 많네요. 이론적으론……

근데, 그런 사람이 있어요????

지니: 음…… 아마…… 흐흐흐…… 잘 뽑아야죠.

삐후와 빠리의 단잠을 위해선 꼭 필요한 일이에요.

따누: 이상적으로 세상이 그리 되었으면 좋으련만…….

지니: 그게 현실의 슬픔이지요.

사람이든 사회든 홀로 생존할 수 없어요. 전체 속에서 행복할 수 있죠.

정치라는 호흡이 진정한 생명을 가지는 조건 속에서…….

〈 까타 II.2.5 〉

Not by any outbreath or inbreath does any mortal whatever live.
But by another do they live on which these (life-breaths) both depend.

살아 있는 무엇이나 날숨과 들숨만으로 살지 않고,
그 두 숨이 기원하는 다른 숨에 의해 살아가네.

살아 있는 생명체는 호흡을 통해 신진대사를 유지하고 생명을 이어간다. 화학적으로 호흡이란 산소와 이산화탄소의 교환이지만, 조금 더 넓은 측면에선 한 생명체가 자연과의 물질대사를 이루는 것이며, 이것은 꼭 산소에 국한한 것이 아니라, 피부를 통한 물질교환과 음식을 섭취하고 배설하며 이루어지는 에너지 대사까지도 일종의 호흡이라 볼 수 있다. 넓은 의미에서 호흡은 개체가 환경인 자연과 가지는 모든 교감과 물리적 소통을 지칭한다. 이것은 어떤 생명체도 자신의 환경과 고립되어 존재할 수 없음을 보여준다. 모든 자연은 서로에게 의존되어 있는 하나의 생명체이다. 그러나 인간은 이 사실을 망각하고 하나의 개체가 하나의 생명체라는 생각에 젖어 있다. 개체는 생물학적 경계가 아닌, 정치적 경계선이다. '나'에 대한 소유와 권리를 주장하는 경계일 뿐이다. 인간은 다른 어떤 생명체보다 정치에 민감한 동물이다. 그래서 이 '나'에 대한 집착 또한 가장 강하다.

인간을 바라볼 때, 우리가 정치적 개념을 조금 내려놓는다면 세상의 관계성을 보다 더 이해하게 될 것이다. 현대인은 가족의, 대인관계의, 경제적 울타리에서 점점 더 고립되어 가고 있다. 집단보다는 개체성이 더욱 부각되기 때문이다. 언제나 조직 속에 있지만 유기적 관계가 아닌, 무기적 부품으로 존재할 때가 더욱 빈번하다. 생물학적으론 건강하나 사회적으로 점점 생기를 잃어간다. 이것은 생명체가 자연과 분리되면 그 힘을 잃듯, 사회적 격리를 통해 삶의 활력을 잃어가기 때문이다. 사회적이든 생물학적이든 인간은 전체성에 닿아 있을 때 건강한 생명활동이 가능하다. 우리 모든 삶에 깔려 있는 존재론적 전체성이 절실한 이유이다. 인간은 전체성 속에서 비로소 건강할 수 있고, 행복할 수 있다. '나'의 경계는 허상이다. 이것은 바다에, 공중에 선을 긋는 것과 같다. 그런데 우리는 그 경계를 굳건히 믿고 살아간다.

32

얼마 전, 쁘리앙까에게 중매가 들어왔다. 스물 셋의 쁘리앙까, 이 지역 분위기론 혼기가 찬 나이다. 중매가 성사되어도 당장 결혼은 아니다. 얼마간의 기간이 필요하고, 약혼식이 있으며, 또 어느 정도 지나야 비로소 결혼이 가능하다. 상류층일 경우 짧아도 일이 년, 탐색기간이 길다.

쁘리앙까가 결정을 내려야 탐색전이 본격적으로 시작하지만, 그녀는 아직 결정을 못 내렸다.

샤르마는 긍정적이다. 남자 집이 경제력도 있고, 총각이 미국에서도 공부를 했단다.

쁘리앙까도 싫지는 않다. 인물도 괜찮고, 성격도 활발하고…….

그런데, 한 가지……

성격이 너무 활발해 집에만 충실할 사람일지 의문이다.

쁘리앙까: 엄마는 어찌 생각해?

사비따: 조금 그럴 수는 있는데……. 남자는 다 비슷해, 여자 하기 나름이야.

쁘리앙까: 빠룰 너는?

빠룰: 불안한 느낌이 없진 않아.

언니가 무얼 선택하느냐가 중요할 것 같아. 외적인 안정인지, 내적인 평화인지.

모든 걸 가질 수 있다면 좋지만…… 우리의 꿈이지…….

쁘리앙까: 나더러 어쩌라는 거야 모두들…….

빠룰: 선택엔 고통이 있고 책임도 따르는 것 같아.

언니도 알다시피, 나는 선택을 했잖아! 그런데, 쉬운 것이 하나도 없어.

아빠라는 산을 넘어야지, 그 사람은 아직도 오락가락 하지,

우리 신분에 내가 먼저 콱 잡을 수도 없고,

결정이 되어도, 전혀 새로운 환경에서 내가 잘할 수 있을지…….

사비따: 빠룰 말이 맞아, 너의 인생이야.

엄마도 늘 행복한 건 아니지만, 너희와 함께할 수 있다는 것은 정말 다행이야.

네가 좀 더 강해지고 지혜로워지면 잘 풀어나갈 수 있을 거야.

빠룰: 상황을 받아들이는 우리의 태도가 중요한 것 같아.

무엇이 되었건 그 선택의 결과를 감내할 준비가 되어 있다면, 우리는 행복할 거야.

며칠 후, 쁘리양까는 데라둔으로 데이트를 갔다.

〈 까타 II.2.7 〉

Some souls enter into a womb for embodiment;
others enter stationary objects
according to their deeds and according to their thoughts.

자신의 행위와 생각에 따라,
어떤 이는 몸을 받으러 자궁으로 들어가고,
다른 이는 변하지 않는 대상으로 들어가네.

우리가 아는 자연세계는 특정 조건에 의해 결과가 발생한다. 물론 그 조건은 무수한 요인들의 총합이다. 아무튼 이 원인의 총합은 하나의 방향성을 가지게 되며, 시시각각 다른 요인에 의해 자신의 방향을 수정한다. 그러나 이 수정은 무작위가 아닌 시간의 전후 맥락이라는 역사성 안에 놓여 있다. 그래서 '콩 심은 데 콩이 난다.' 윤회를 받아들이는 문화권 안에선 일반화되어 있는 개념이다. 그러나 수천 년 동안 이어온 윤회 개념이 꼭 새로운 자궁에 들어가는 것으로만 이해될 필요는 없다. 굳이 '자궁'을 빌려와 설명을 한 것은 그 당시 사람들의 이해 수준에 맞추기 위한 방편이었다. 자궁에 들어가고 들어가지 않고는 오늘의 '나'에게 아무런 의미가 없다. 설사 그 시점이 온다 하더라도 '자궁에 들어가는 나'는 '오늘의 나'가 아니기 때문이다.

'나'라는 존재는 심리적, 정치적 존재이다. '나'는 매 순간 변화하고 있다. 흔히 이것은 '매 순간 죽는다'로 표현된다. 매 순간 죽고 새로 태어나는 존재가 다음 자궁을 걱정할 필요가 있을까? '나'에 매여 있는 존재는 매일 자궁으로 들어가고 있는 것과 동일하다. 윤회의 개념이란 오늘의 상태가 내일을, 이 순간이 다음 순간과 연계되어 있다는 가르침이다. 오늘 '나'에, 자궁에 매여 있으면, 내일도 그러한 것은 당연하다. 오늘, 이 순간 자신의 존재 상태를 결정할 수 있어야 한다. 삶을 산다는 것은 내일을 걱정하는 것이 아닌, 내일에 대한 전망을 가지며 오늘 행동하는 것이다. 변화는 오늘에만 가능하다. 변화란 주어진 원인의 총합에 새로운 요인을 가미하는 것이다. 현실적으로 인간이 무엇인가 전혀 새로운 것을 만들지는 못한다. 우리가 할 수 있는 것이란 '주어지는 상황을 어떻게 받아들이느냐' 하는 것이다. 이 태도가 다음 순간의 사건을 결정한다. 우리의 의지와 결단은 이 '태도'에 바탕하고 있다.

33

지니가 강가로 산책을 갔다가 복도로 들어오는데, 호기심 많은 따누가 그를 불러 세운다. 삐후는 지 엄마를 닮은 것이 분명하다.

따누: 요즘 무슨 걱정 있어요?

지니: 아뇨, 뭐 특별히…….

따누: 제가 KGB잖아요. 절 속이려 하지 마세요.

지니: 그냥, 뭘 좀 결정하기가 힘들 뿐이에요.

따누: 여기선 별 일이 없는 것 같고…….

고향 집에 무슨 일이…….

'이 여자, 정말 끈질기다. 저 호기심에, 저 머리에, 어릴 때 가정이 넉넉한 편이었으면…….'

따누: 혹시, 어머니가 지니더러 결혼이라도 하래요?

'흑…… 혹시, 이 여자 귀신 붙은 무당 아냐?'

지니: 아, 아니~~, 그런 건 아니고.

따누: 그래요? 아니라면…………

아무튼, 뭔지는 모르나 너무 오래 고민하지 말아요.

전에 저희 할머니가, 고민은 짧고 행동은 길게 하라고 그러셨어요.

지니: 아주 좋은 말씀이네요.

따누: 세상엔 변화가 많은 것 같아요. 저희 아버지 돌아가시고, 어머니 멀리 떠나시고, 어린 동생 둘과 언니 저 이렇게 할머니 밑에서 자랐어요.

지니: 아~~~, 그랬군요.

어떻게 따누가 저리 일찍 철이 들었는지 이제야 이해가 된다.

따누: 변화를 그저 받아들이세요. 결정하기 어려우면 고민하지 말고 그대로 두어요.

상황이 변하면 고민이 해결되든지, 새로운 길이 보여요.

붙들지 말고, 같이 흘러요. 세상과 함께 그저 춤을 추어요.

따누가 낙천적이고, 삶의 선이 굵은 데는 다 이유가 있었다.
'저 어린 따누가…….' 지니는 따누가 존경스럽기까지 하다.

〈 까타 II.3.11 〉

This, they consider to be Yoga, the steady control of the senses.

Then one becomes undistracted for Yoga comes and goes.

그들이 감각의 확고한 통제를 요가라 하네.
그는 미혹되지 않으니,
요가는 오고 감이기 때문이네.

감각의 확고한 통제란 감각을 있게도 없게도 하는 마술적 통제가 아니다. 감각을 있는 그대로 정확히 인지하는 것이다. 숨을 멈추고, 심장을 멈추고, 바늘로 몸을 관통하는 감각의 마취가 요가가 아니다. 요가는 감각이 가장 자연스러운 상태로 반응하도록 몸을 놓아주는 해방의 작용이다. 확고한 통제란 감각이 온전히 작동하나 그 감각에 물들지 않으며 한 발 벗어나 있는 위치를 확보하는 것이다. 그래서 감각에 있으나 그것에 미혹되지 않음이 가능하다. 감각을 버리고 떠나버린 시체를, 혹은 마취 상태를 가리켜 감각에 미혹되지 않는다고 표현하지 않는다. 거세당한 내시를 위해 아무도 추모비를 세워주지 않는다.

요가는 우선적으로 뒤틀리고 왜곡되어 있는 감각을 바로 펴는 과정이다. 이것은 감각을 인지하는 의식과 감각 사이의 올바른 소통을 회복하는 것이다. 이 소통이 인간을 자연스럽게 만드는 첫째 관문이다. 의식이 감각을, 감각이 의식을 지배하는 것이 아닌, 둘이 하나로 조율되는 것이 요가이다. 요가가 온전히 자리잡을 때, 감각은 본연의 역할에 충실할 수 있다. 감각의 임무는 변화를 감지하는 것이지, 변화를 조정하는 것이 아니다. 요가는 변화와 함께 있으나, 이것에 휩쓸리지 않으며, 이것과 함께 춤을 추는 것이다. 요가는 다가오는 모든 변화를 받아들인다. 그리고 남김없이 모두 돌려보낸다. 머무는 것 없고, 맺히는 것 없는 흐름이 요가이다. 세상은 흐름이다. 이 흐름을 감지하는 깃털이 감각이고, 이 흐름에 춤추는 것이 요가이다.

34

오래 전 여행을 처음 시작할 무렵, '딘'이란 분에게서 히말라야에 대해 처음 들었다. 친구와 나는 그 얘기에 넋이 빠졌고, 모든 일정을 바꾸어 히말라야로 내달렸다. 그곳은 네팔의 '안나푸르나 Annapurna'였다. 베이스캠프까지 3일만에 밀어붙였다. 무엇이 그리 급했을까? 숨통을 조이는 그 무엇을 토해내고 우리는 숨을 쉬어야 했다. 그때서야 우리는 인간이 어떻게 숨을 쉬어야 하는지를 알게 되었다. 아무런 필터filter 없이 그 차고 예리한 공기를 들이키고, 걸쭉한 인육의 내음을 쏟아내는 것이었다. 그러나 이것은 시작이었고, 히말라야와의 만남은 이렇게 시작되었다.

3개월 뒤, 나는 인도 스리나가르Srinagar에서 라닥Ladakh의 레Leh까지 이틀 걸리는 버스에 몸을 싣고 있었다. 오랜만에 다시 가슴에 안아보는 히말라야였다. 그러나 그 이틀 내내 눈물의 샘이 범람하여 입이 말라갔다. 히말라야는 내 인육의 내음으론 만족을 몰라, 오장을 뒤틀어 묵은 육수를 짜내고 있었고, 나의 존재는 점점 가벼워져 갔다. 이리하여 나는 히말라야의 올무에 걸려들었다. 2년 뒤, 다시 그 히말라야를 걷고 있었다. 날이 밝으면 걷고 또 걷고, 밤이면 돌부리에 허리를 굴리며 29일을 히말라야와 함께했다. 이번에 히말라야는 나의 심장을 쪼개어 피를 빨고, 골수를 바람에 흩뿌렸다. 히말라야는 죽음이 무엇인가를 보여주고 있었고, 그렇게 나는 그와 사랑에 빠졌다. 그 뒤 3년을 매일 그를 바라보며 살았다. 어느 여인도 그만큼 나의 가슴을 울렁거리게 하진 못했다. 그는 매일 자신의 피와 골수를 나에게 밀어 넣었고, 온통 자신으로 나를 채워 나갔다. 그러다 어느 날 홀연히 나는 그를 떠날 수밖에 없었다. 5년 반 동안 그를 다시 볼 수 없었다. 그러나 그가 그립지 않았다. 이미 그는 내 혈관을 흐르고 내 뼈를 지탱하고 있었기에.

〈 까타 II.3.13 〉

He should be apprehended only as existent
and then in his real nature – in both ways.
When He is apprehended as, existent,
his real nature becomes clear (later on).

그는 단지 존재함으로 알려져야 하고,
그 다음에 본성이 알려지네.
그가 존재함으로 이해될 때
그 본성이 명확해지네.

누군가를, 무엇을 안다는 것은 함께할 때 비로소 가능하다. '함께함'은 서로 다른 존재가 하나의 사건에 녹아드는 것이다. 다른 방향에서 날아온 많은 인자들이 한 좌표에서 하나의 사건을 만든다. 산과 인간이 마주하는 것이 아니라, 두 종류의 인자들이 모여 '함께함'이라는 사건을 같이 만든다. '함께함' 속에선 산과 인간을 구분할 수 없다. 서로 구분이 되지 않을 때, '함께함'의 사건이 발생한다. 부부는 남녀가 하나의 사건에 녹아 구분되지 않을 때, 비로소 부부가 된다. 그렇지 않으면 단순한 동거인이다. 앎은 '함께함'에서 가능하다.

쁘라샤나 우파니샤드

35

일요일 오전, 한가한 듯하나 지니만 빼고 온 집 주변이 분주하다. 사실 시골생활이나 주부들은 요일에 관계없이 늘 일이 많다. 혼자 느긋하게 차를 마시던 지니는 방충문 너머로 따누와 눈이 마주친다.

따누는 환하게 웃으며,

따누: 물탱크 바닥났어요, 지니! 오늘 빨래를 너무 심하게 했나 봐요.

물탱크는 매일 집에 머무는 지니의 담당이다. 그는 스위치를 올리고 빨래터의 밸브를 연다.

지니가 방으로 돌아오려는 순간,

빠룰이 현관문을 열고, 혼자 가스통을 들고 나온다. 부엌의 가스가 떨어진 모양이다.
지니는 망설임 없이 빠룰에게 달려가 가스통을 같이 든다.

빠룰: 빈 통이라 별로 무겁지 않은데…….
지니: 그래도 여자가 혼자 들기엔…….

둘은 어색한 듯, 그러나 곧 당연한 듯 가스통을 들고 대문을 지나 큰길로 나온다.
저쪽 가게 모퉁이에서 샤르마가 둘을 유심히 지켜본다.
지니는 순간, 멈칫하지만 이내 무시한다. 그녀도 아버진 관심 밖이다.
둘은 가스통을 샤르마에게 건네고, 같이 대문을 지나 안마당으로 들어선다.
뭔가 아쉬움이 남는 지니에게,

빠룰: 짜이(인도식 우유차) 한 잔 드실래요? 도와줘서 고맙기도 하고…….
지니: 뭐, 그러죠. 바쁜 일도 없는데…….

지니는 너무 뜻밖이다. 늘 교묘히 피하기만 하던 그녀가 오늘은 너무 용감하다.
무슨 일이 있었나?
지니는 현관 앞 소파에 앉아 기다린다. 샤르마가 대문을 들어서

더니 말없이 지니를 지나 안으로 들어간다. 그녀가 샤르마를 극복할 수 있을까? 둘 사이의 가장 큰 장벽이다.
빠룰이 쟁반에 짜이를 받쳐 들고 나온다. 살며시 테이블에 내려놓더니, 뭐라 말을 하려다 안으로 들어간다. 오늘 타이밍이 좋은 건지, 나쁜 건지…… 샤르마…….
그래도 빠룰에게 어떤 변화가 생긴 것은 분명하다.
집에서 떨어져 있는 대도시의 데라둔 생활이 그녀를 점점 강하게 만들고 있는 것인가?
확실히, 과거의 전략을 포기하고, 새 시스템을 도입한 것은 분명하다.

〈 쁘라샤나 II. 1-2 〉

Then Bhargava of the Vidarbha country asked him (Pippalada):
Venerable sir, how many powers support the created world?
How many illumine this?
And who, again, among them is the greatest?

위다르바 국國에서 온 바르가와가 삐빨라다에게 물었다.
"선생님, 얼마나 많은 힘들이 세상을 떠받치며 밝히고 있습니까?

그리고 이 중에 무엇이 가장 위대합니까?"

"Ether verily is such a power."

"그 힘은 배경이다."

세상이 많은 물질로 이루어졌다고 이해하기보다는, 많은 차원으로 구성된 것으로 이해하는 것이 더 나을지도 모르겠다. 물질은 단순한 표면적 매개이고, 각각의 물질들이 활동하는 원리가 그들의 본질이다. 세상엔 개체나 입자가 있는 것이 아니라 원리들이 있다. 물이 있는 것이 아니라 흐름의 원리가 있고, 불이 있는 것이 아니라 연소의 원리가 있다. 차원은 개개의 원리들이 작동하는 하나의 장이다. 원자의, 분자의, 세포의, 기관의 차원이 한 생명체를 형성한다. 각기 독특한 장들의 유기적 결합이 생명체이다. 세상은 무수한 차원들의 총합이다. 그들은 자신의 고유한 영역을 가짐과 동시에 다른 차원들의 하부 요소로 작용하기도 한다. 이러한 차원의 얽힘이 세상이다.

우리는 입자에, 개체에, 개인에, 단체에 익숙해 있다. 고정된 무엇으로 인식할 때 다루기가 편하기 때문이다. 이 편리는 그 개체의 실질적인 많은 측면을 놓치게 함으로써 오해와 불신과 충돌을 일으킨다.

"아니, 저 사람 그렇게 안 보았는데, 왜 저래?"

"너 오늘 왜 그러니?"

"당신이 제게 그럴 수 있어요?"

원리를 놓치고 개체에 고정되어 있을 때 우리가 내뱉는 말들이다. 그 개체의 원리를 파악할 때 이런 당혹감은 훨씬 줄어들 것이다. 세상엔 고정된 것이 없다. 자신의 원리에 의해 끊임없이 움직인다. 그리고 이 원리는 다른 원리들과 상호 반응하며, 협력과 충돌과 변이를 계속한다. 세상은 다차원적 원리들의 상호반응이다.

차원들에 우열이 있는가? 우열은 없다. 단지 그 모든 차원들이 움직이는 마당의 차원이 있다. 마당은 그 모든 움직이는 차원들과 다른 성질을 가지는데, 움직임이 없는 배경이라는 것이다. 배경은 위대하지도 거룩하지도 순수하지도 않다. 그저 허용한다. 배경을 이해하지 못하는 인간만이 위대함을 찾는다. 권력지향적 인간은 서열에 민감하다. 그리고 열등감과 우월감을 동시에 가진다. 배경을 이해하면 서열이란 별 의미가 없다. 서열이 아닌 상호반응이 있을 뿐이다. 배경을 모르기에 우문을 던진다.

36

상쾌한 공기에
호흡은 깊어지고

창밖에 부는 바람에
마음은 한가로이
창공을 떠돌다

갈 곳 없고
앉을 곳 없어
다시 집을 찾는구나

〈 쁘라샤나 IV.10-11 〉

He who knows the shadowless, bodiless, colorless, pure, undecaying self
attains verily, the Supreme, Undecaying (self).

He who, O dear, knows thus becomes omniscient, (becomes) all.
As to this, there is this verse:

그림자도 육체도 색도 없는 순수한 불멸의 그를 아는 자,
모든 것을 알게 되고, 그것과 하나되네:

He who knows that Undecaying (self)
in which are established the self of the nature of intelligence, the vital breaths
and the elements along with all the gods (powers)
becomes, O dear, omniscient
and enters all.

지혜의 본성과 생동하는 호흡, 그리고 모든 신들의 요소가 담긴 그 불멸을 아는 자,
모든 것을 알게 되고, 그 안으로 들어가네.

무엇이 불멸인가? 변화하는 모든 것은 멸한다. 세상은, 모든 입자는, 모든 원리는 멸한다. 그들은 변하기 때문이다. 변하지 않는 것은 배경이다. 배경을 아는 것이 지혜의 본성이다. 신들이란 배경과 닿아 있는 끈이다. 우리가 신성神性이라 부르는 것은 배경의

다른 이름일 뿐이다. 그리고 모든 변화하는 것이 배경으로 녹아들 때 안식이 있다. 변화 속에서 안식을 찾을 수 있는가? 그 변화를 모질게 던져 버릴 수 있는가?

37

해 질 무렵, 지니가 빨래를 걷으러 옥상으로 올라가니, 따누가 먼저 올라와 옷을 걷고 있다. 저 멀리서 음악소리가 요란한 걸 보니, 어느 집에 결혼식이 있나 보다. 지니는 궁금한 것이 있어……,

지니: 여기선 대부분 중매결혼을 한다고 그러던데, 연애결혼은 안 해요?

따누: 물론 해요. 대도시의 경우, 상류층 사람들이 주로…….

지니: 여기 하리드와르 같은 곳은…….

따누: 어림도 없죠.

왜요? 여기 사람과 결혼하게요? 호호호~~.

지니: 아니, 그저 여기 풍습이 궁금해서요.

따누: 지니도 알지만, 우리는 신분이 엄격해요. 결혼은 신분을 지키는 첫 단추이죠.

그래서 신분을 맞추는 중매를 해요. 그리고……

연애는 아직 우리 사회에서 천박한 것으로 여겨져요. 특히 신분이 높을수록……

좋은 집안의 신붓감은 아주 얌전하고 정갈해야 하는 거죠.

딸을 가진 부모들의 감시가 대단하죠. 요즘 시대에…… 호호호~~.

지니: 더러는 외국인과 결혼도 하던데…….

따누: 예, 그런가 봐요. 그런데, 아마 대부분 신부가 외국인일 걸요?

외국 여자가 남자 집안에 들어오기는 쉬워도,

반대의 경우, 남자가 큰 부자라든가,

아무튼, 뭔가 대단한 것이 있어야 할 거예요. 여자의 신분을 고려해서.

지니: 음~ 보통 일이 아니네요.

따누: 전통을 목숨처럼 생각하는 사람들이 아직 대부분이에요. 신분이 높으면 더 하죠.

지니: 샤르마처럼…….

따누: 호호호~~~.

지니: 전통이 정말 높은 둑과 같네요.

따누: 어려울 것 없어요. 물이 둑보다 높으면 되죠.

세상의 이치는 간단해요.

고민하지 마세요, 지니… 호호호~~.

〈 쁘라샤나 VI. 5-6 〉

As these flowing rivers tending towards the ocean, on reaching the ocean, disappear,
their name-shape broken up, and are called simply the ocean, even so of this seer,
these sixteen parts tending towards the person, on reaching the person, disappear,
their name-shape broken up, and are called simply the person.
That one is without parts, immortal.
As to that there is this verse:

바다로 향하는 강들이 바다에 이르러 사라지고,
이름과 형태가 사라져 단지 보는 자인 바다로 불리듯,
그에게 귀속되는 열여섯 부분은 그에게 이르러 사라지고,
이름과 형태가 사라져 단지 그라 불리네.
부분이 없는 그는 죽지 않네:

In whom the parts are well established as spokes in the center of the wheel,
know him as the person to be known,
so that death may not afflict you.

바퀴의 중심에 부분들이 잘 놓여 있네,
이러한 그를 알면,
죽음이 그대를 괴롭히지 않으리.

강들은 바다로 가고, 강들은 다시 바다에서 온다. 이들은 다른 존재가 아닌, 하나의 순환일 뿐이다. 이름과 형태를 가지고 노는 인간의 마음이 강을 만들고 바다를 만든다. 부분이 전체에 닿을 때 부분은 사라진다. 전체는 죽을 수 있는 것이 아니다. 죽음이 우리를 성가시게 하는 것은 우리가 부분에만 속해 있기 때문이다. '나'라는 울타리에 자신을 가두는 순간, 우리는 죽을 수밖에 없다. 우리는 울타리를 치고 이 울타리가 영원하길 바란다.

뭔가 잘못되고 있지 않은가?

울타리가 영원하길 바라다니.

세상은 잘 짜여진 바퀴와 같다. 이 바퀴가 돌길을 달리고 진흙탕을 건너며 멀미를 하게 하지만, 그래도 이것은 바퀴의 잘못은 아니다. 마차를 모는 마부가, 그리고 앞에 놓여진 길이 우리를 성가시게 한다. 세상이 아니라 울타리가 문제를 만든다. 강이 바다가, 바다가 강이 되는 이치는 그리 어렵지 않다. 강과 바다 사이에 둑을 쌓으니 힘이 많이 든다. 우리는 이 어려운 사업을 왜 이렇게 열심히 하고 있는 것일까?

문다까 우파니샤드

38

일요일, 날씨가 좋다. 샤르마의 명령이 떨어졌다. 세차!다.
근데, 일이 좀 많다. 승용차 두 대, 오토바이 두 대.
빠룰과 쉬바는 세차를 맡았고, 쁘리앙까는 엄마와 가재도구들을 내다 말린다.
빠룰과 쉬바는 손과 발을 둥둥 걷고, 긴 호스를 수도꼭지에 꽂은 뒤, 쉬바는 열심히 비누 거품을 바르고, 빠룰은 우아하게 자동차에 세례를 베푼다.
지니는 창문을 통해 안마당의 낭만적 영화를 감상 중이다.
거품 칠에 재미가 없어진 쉬바가 작은 누나에게서 기다란 세례기를 받아 쥐더니, 갑자기 지나가던 큰 누나를 공격한다.
쁘리앙까는 기겁하며 도망가고 쉬바는 그 뒤를 쫓는다. 호스가 짧아 쉬바는 다시 세차장으로 킥킥대며 돌아오는데, 집안으로 달아났던 쁘리앙까가 바가지에 물을 담아 와선, 쉬바에게 확실한 복수를 하고 다시 달아난다. 사비따는 이층 발코니에서 특유의 고음으로 깔깔대며 자식들의 재롱을 내려다본다.

창문 너머로 구경하던 지니도 숨죽여 미소 지으며 그 영화에 빨려 들어간다.

지니는 샤르마의 안마당을 사랑한다.

이곳은 지니의 사랑이 싹트는 마당이며, 행복이 피어나는 배경이다.

따누: 뭘 해요? 지니!!

자기 방을 나오던 그녀가 지니 방을 기웃거리며 한마디 던진다.

지니: 행복을 먹고 있어요.

〈 문다까 I.1.3-4 〉

Śaunaka, the great householder, duly approached Aṅgiras and asked,

through what being known, Venerable Sir, does all this become known?

쇼나까가 스승 앙기라스에게 다가가 묻기를,

"이 모든 것을 알기 전에 무엇을 알아야 합니까?"

To him he said, two kinds of knowledge are to be known,
as, indeed, the knowers of Brahman declare
– the higher as well as the lower.

그가 답하기를, "알아야 할 두 종류의 지식이 있으니, 상위의 것과 하위의 것."

세상은 기본적으로 두 개의 차원으로 나뉠 수 있다. 현상과 비-현상. 현상은 에너지의 세계, 곧 변화가 있는 영역으로 흔히 우리가 세상이라고 부르는 것이다. 변화와 에너지, 그리고 현상이란 단어는 하나의 사실에 대한 다른 표현들이다. 일반적으로 지식이라는 것도 이 범주에 들어간다. 그래서 엄밀히 두 종류의 지식이란 성립되지 않으나, 지식을 지식 아닌 것과 구별하기 위한 기술적인 표현이다. 비-현상의 차원은 어떠한 변화와 부분화를 허용하지 않는 전체성이며, 현상을 허용하는 배경이다. 이것은 인류의 문명 속에서 신이나 기타 유사한 용어로 표현하고자 했던 궁극적 그 무엇이다. 그래서 지식이라 하기엔 가당치 않다. 그러나 이것에 대한 앎이 가능한데, 그것은 비-현상이 현상에 들어옴으로써가 아니라, 현상이 비-현상에 녹아듦으로써 가능하다.

이것은 인간의 물리적 존재를 해체하는 것이 아니라, '나'의 울타리를 걷어내는, 어렵지만 단순한 작업이다. 인간은 물리적 요소를 그대로 간직한 채, 그 물질에서 자유로울 수 있는 존재이다. 비-현상으로 간다 함은 물질을 어떻게 바꾸는 것이 아니다. 물질은 그 자체로 족하다. 그대로 놓아두면 된다. 비-물질은 물질과 항상 함께 있어 왔다. '나'의 울타리에 가려져 비-물질이 없는 듯, 그렇게 인간의 의식이 판단하고 있었을 뿐이다. 현상이 비-현상과 하나된다 함은 물리적 현상이 아닌, 인식론적 문제이다. 쉽게 말해, 무엇이 있었고, 무엇이 없었다는 착각이었다. 현상과 비-현상은 인간에게 열려 있다. 인간은 이 상호 모순적으로 보이는 두 차원에 걸쳐 있는 존재이기 때문이다.

이원론적 신학이란 이 두 차원의 관계성을 설명하는 것이 전부이다. 여기서 둘은 존재론적으로 엄밀히 다르며, 자비에 의한 한 방향으로의 보살핌이 있다. 유사한 것은 인도의 상키아Sāṃkhya 철학으로, 세상은 상호 섞일 수 없는 두 영역을 가지고 있으며, 초기 상키아 이후엔 자비도 사라졌다. 반면, 인도 베단타 철학의 효시인 상까라Saṅkara는 둘을 구분하지만 다르지 않음을 주장한다. 모든 일원론적 철학은 상까라와 유사한 흐름을 가진다. 이원론이든 일원론이든 현상과 비-현상의 차원에 대한 이해가 있어야, 엄밀히 그 다음 논의가 가능하다. 조심해야 할 것은 두 차원에 대한 얘기와 두 존재에 대한 얘기는 분명히 다르다는 것이다. 한 여인은 하나의 존재이면서 어머니와 딸이라는 두 차원을 가질 수 있다. 여인과 남자라는 두 존재는 어머니 혹은 딸, 그리고 아버지 혹은 아들이라는 두 차원으로 갈라진다. 그래서 이원론적 신학에선 두 차원이 섞일 수 없다. 두 개의 존재는 하나의 차원에 들어갈 수 없기 때문이다. 신과 인간이 결코 하나가 될 수 없는 이유가 이것이다.

현상과 비-현상은 다른 차원이나 하나의 존재에 녹아 있다. 일원론은 하나의 존재만을 허용하기에 이것이 가능하다. 차원은 무한대이다. 차원이란 하나인 존재가 시간이라는 터널 속에 들어올 때 나타나는 다채로운 빛깔의 깜빡임이다. 이 깜빡임 놀이는 그저 생기는 것이 아니라 드러날 마당을 필요로 한다. 그래서 배경을 애기한다. 빛은 어둠이 없이는 성립되지 않으며, 우주의 별들은 우주적 배경을 제외하고 불가능하다. 배경은 현상이 아니면서 현상을 허용한다. 둘은 하나가 아니지만, 항상 하나로 존재한다. 배경은 현상에 물들지 않으나 현상의 출발점이다. 현상이 변이를 일으켜 배경이 되지 않는다. 에너지가 승화되어 배경이 되지 않는다. 현상이 현상임을 멈출 때 그저 배경이 있다.

39

여행을 하며 느낀 것은, 어딜 가도 그 상황에 빠져들 수 없다는 것이었다. 두고 온 고향이, 가족이 그리워서가 아니었다. 오히려 가족이나 고향은 수천 년 전, 에피소드에 지나지 않는 동화 속의 한 순간이었다. 여행지에 젖어 들 수 없는 것은 당연한지도 모르겠다. 불편한 잠자리, 낯선 음식, 친근히 다가갈 수 없는 얼굴들.

나는 그저 구경꾼이었기에 모든 것은 저만치에 놓여 있었다. 여행이 길어지며 늘 새로운 상황이 일상이 되어 갔지만, 인간 사회는 항상 나를 비켜가고 있었다. 그들과 어울려 함께 웃고, 때로는 화를 내고, 긴 이야기를 나누며 눈시울을 붉히기도 했으나 모든 것은 토막토막 단편적 사건에 불과했다.

여행은 사건에 지속성을 주지 못했다. 사건에 의미 또한 없었다. 무슨 일이 일어나야 된다는 필연성도 없었고, 사건은 그저 매일 내리쬐는 햇볕과 흩날리는 한 가닥 빗줄기였다. 세상은 나의 주위를 맴돌았다. 한여름 낮잠을 방해하는 파리마냥.

여행을 마치고 고향으로 돌아왔을 때, 고향은 어디에도 없었다. 그곳 또한 단편적 사건의 메들리였고, 일상에 함몰될 수 없었다. 온전한 이방인으로 나는 사건으로부터 추방되어 있었고, '중간지대'를 서성거렸다. 사건 위에 서 있을 수 없었기에 다른 무엇이 필요했고, 그 안식처를 찾아야만 했다.

저 앞의 사건들이 온 곳, 조상들의 발길이 시작되었던 그곳이 새로운 여행의 목적지가 되었다. 여행은 거미가 거미줄을 뱉고 삼키듯, 도마뱀이 햇살에 몸을 말리고 돌아가듯, 세상이 배경에서 나와 기지개를 켜고 다시 배경으로 돌아가 잠드는 '몽중방황夢中彷徨'의 몸짓임을 보여 주었다. 결국 새로운 여행은 배경으로 가는 여정이 되었다.

〈 문다까 I.1.7 〉

As a spider sends forth and draws in (its thread),
as herbs grow on the earth,
as the hair (grows) on the head and the body of a living person,
so from the Imperishable arises here the universe.

거미가 거미줄을 뱉고 다시 삼키듯,
약초가 자라듯,
털이 몸에서 나듯,
불멸의 존재로부터 세상이 나오네.

불멸의 존재는 배경이다. 배경 외에 모든 것은 멸한다. 현상은 배경에서 나와 배경으로 돌아가고, 잠시 동안의 생명력이란 한가로운 배경의 나들이이다.

40

사르마네는 아침 5시면 하루를 시작한다. 저마다 하루 일과를 준비하고, 해가 뜨고 아침 식사를 하기 전, 사비따는 마당 중앙에 마련된 신단神壇에 물을 올리는 뿌자(힌두 종교의식)를 행하고, 태양을 향해 또 물을 올린다.

365일 거르는 날이 거의 없으나, 다른 가족들은 뿌자에 별 열의가 없다.

아침 5시경,

방학이라 집에 머물고 있는 빠룰과 사비따가 대문을 나선다.

빠룰: 엄마 이 시각에 꼭 아쉬람(힌두 사원)에 가야 하는 거야?

사비따: 내가 몇 년째 아침마다 널 위해 기도를 올리는데, 너는 며칠이 대수니?

요즘 이곳 풍습으로 뿌자를 행하는 기간이라 아쉬람을 찾는 이들이 많다.

빠룰: 기도한다고 뭔 일이 되는 건 아니잖아!

사비따: 넌 아직 어려서 몰라, 세상은 우리 힘만으로 사는 것이 아니란다.

그들은 아쉬람에 도착하고,
잠시 후 '야갸Yajña'라는 불의 의식이 시작된다.
빠룰은 엄마 옆에 멍하니 앉아 지니를 생각한다. 집을 나서는 길에 지니의 창문에 불이 켜진 것을 보았다.
앞에서 어른거리는 불꽃에 지니의 모습이 떠오르고,
빠룰은 순식간에 그 불꽃에 빨려 든다.
숯덩이의 붉은 깜빡임만 오가는 시각,
옆에서 사비따가 그녀를 툭 친다.

사비따: 너 뭐하니? 이제, 가자.

얼마의 시간이 지났는지…… 모두들 아쉬람을 나서고 있다.

빠룰: 엄마, 나 내일도 여기 올래.
사비따: 이 애가 왜 이래? 아까는 망아지처럼 끌려오더니만…….

대답이 없는 빠룰의 얼굴엔 확신에 찬 뭔가가 있다.

〈 문다까 I.2.9 〉

The immature, living manifoldly in ignorance, think
'we have accomplished our aim.'
Since those who perform rituals do not understand (the truth)
because of attachment,
therefore they sink down, wretched,
when their worlds (i.e. the fruits of their merits) are exhausted.

무지 속에서 여러 형태의 성숙하지 못한 이들이
'우리는 할 바를 다했다'고 여기네.
제례를 행하며 집착으로 진리를 알지 못하는 이들,
가엾은 이들,
세상이 다하고, 그들은 쓰러지네.

세상에 나오며 머리에 물을 붓는 의식을 시작으로 다양한 문화와 종교의 의식에 참여했고, 학문으로까지 배울 기회가 주어졌다. 무수한 몸짓과 소품과 언어들. 외적으로 공통점을 찾기 힘든 그 일상적이지 않은 행위들은 무엇이었을까? 현저히 이질적인 그 행위들이 의도하는 바는 하나였는데, 인간의 울타리를 넘은 어느 곳에 자신의 메시지를 던지는 행위였다. 이 행위에 참여한다는 것은 최소한 인간의 울타리를 인정한다는 것이었고, 그 너머로 향한 확장을 위한 몸짓이었다. 그러나 대부분의 이 행위는 한 방향에서만 이루어지는 송신이었다. 밖에서 들려오는 소리에 귀를 기울이지도, 외부 손님을 맞아들이지도, 울타리 밖으로 발을 내딛지도 않았다. 그들은 제례 행위 자체가 얼마나 정확히 이루어졌는지, 얼마나 간절함이 배어 있는지에만 관심이 있었다. 간절함이 행위 과정의 엄격함으로만 표출되었다. 그 간절함은 훌륭한 상자 속에 겹겹이 봉해졌고, 그들은 만족했다.

그들은 무엇인가를 놓치고 있었다. 간절함이 상자 속에서 질식하고 있었다. 간절함은 울타리를 넘어 미지의 세계로 달려가고자 몸부림이다. 울타리 너머와 소통하고자 하는 것은 결국, 그 간절함을 바깥에 옮겨 심기 위한 것이 아닌가? 울타리를 넘어감이 진정한 제의례祭儀禮이다. 문을 닫아걸고 밖으로 돌을 던져보는 것이 아닌, 문을 박차고 그 어둠 속으로 달려가는, 간절함의 구체적 방출이 의례이다.

의례는 단순한 상징이 아니며, 제사장의 우아한 퍼포먼스performance를 관람하는 것도 아니다. 그것은 우리의 간절함이 뻗어가는 그곳에 자신을 온전히 던져 넣음이다. 의례는 두 세계의 만남이고 융화이고 잔치이다. 록-콘서트의 비싼 표를 끊고 들어가는 사람은 이미 미칠 준비가 되어 있다. 가수가, 밴드가 그들을 미치게 만드는 것이 아니다. 그들은 단지 제사장일 뿐이다. 관객의 내면에 있는 간절함. 첫 음이 울려 나오면 그들은 즉시 수만 볼트에 감전된다. 이것은 이미 그들의 간절함이 끓고 있기 때문이다. 의례란 이렇게 저 어두운 미지의 세계로, 저 깊은 배경으로의 투신이다.

41

샤르마의 가족 중, 지니가 정말 좋아하는 한 사람이 더 있다. 그것은 샤르마의 어머니, 아마(할머니)이다.

빠룰이 우유 배달을 그만 둔 후, 아마가 지니의 주된 우유 배달원이다.

아마는 힌디만 말하고, 지니는 눈곱만큼 알아듣는다. 그러나 둘은 손짓과 표정으로 많은 교감을 가진다. 정확하지는 않으나 지니의 센스 있는 반응에 아마는 지니가 힌디를 상당히 알아듣는 줄 알고, 복도나 마당에서 마주칠 때면, 아들 샤르마에 대한 투정이나 무릎의 아픔 등을 호소한다.

아마는 샤르마의 집에서 강가 쪽으로 500미터 더 들어간, 옛날 집에서 쉬바의 고모 중 한 분과 소를 키우며 생활한다. 실질적인 쉬바네 우유의 생산자이다.

한여름 오후,

지니는 바람도 쐴 겸, 아마의 집으로 마실을 간다.

고모님이랑 아마가 반갑게 맞아주며, 짜이도 끓여주고 간식도 이것저것 내어 놓는다. 고모님은 그저 웃기만 하고, 아마는 쉴 새

없이 뭔가를 지니에게 얘기한다. 지니는 눈치로 알아들은 내용에 몇 개의 힌디어로 맞장구를 치니, 아마는 신이 났다.
마시던 짜이가 아직 남았는데, 아마는 어딜 같이 가자고 재촉이다.
지니는 허겁지겁 티타임을 정리하고 아마를 따라 나선다.
아마는 집을 나와 강가 쪽 널찍한 밭을 가로지르며 뭔가를 설명한다. 다 자기네 땅이란 내용 같다. 이렇게 온 동네를 돌며, 만나는 사람 다 인사 받고, 이곳저곳 설명이 바쁘다. 두 시간 정도의 부동산 투어가 지나고 샤르마의 집으로 돌아왔다.
아마의 오늘 요지는,
우리가 이렇게 땅이 많고 부자니, 지참금 걱정은 말라는 것이다.
힌두의 풍습은 결혼할 때, 신부가 지참금을 가지고 가야 하기 때문이다.
모든 것은 점점 확실해지고 있다.
샤르마의 가족 중, 샤르마만 제외하고 모든 식구들이 빠룰의 음모를 알고, 적극 동조하고 있다는 것이다.
따누가 KGB라면, 빠룰은 확실히 크레믈린궁이다.
이 문제의 어려움은 불확실성이 제거될수록 불안이 점점 가중된다는 데에 있다.
샤르마라는 장벽과 지니에게 안겨진 그 과제가…….
불안을 넘어 평정은 올 수 있을까?

〈 문다까 I.2.11 〉

But those who practice austerity and faith in the forest,
the tranquil knowers who live the life of a mendicant,
depart freed from sin,
through the door of the sun to where dwells the immortal,
imperishable person.

숲에서 절제와 확신을 수행하며,
죄악에서 자유롭고 탁발로 살아가는 평정함에 이른 자,
태양의 문을 지나 불멸을 이룬 자네.

절제는 수행에서 중요한 덕목이다. 그러나 이것이 금욕주의나 윤리적 엄격성, 육체적 고행을 의미하지는 않는다. 오히려 이것과는 정반대의 방향에 있다. 정확한 의미의 절제란 '자연스러움을 향한 균형'이기 때문이다. 절제란 무엇에 대한 '터부시'나 욕구를 참는 것이 아니라, 욕구를 건강하게 만들고, 욕구가 양성화되고 개방되어 자연스러운 모습을 갖도록 하는 순도를 높이는 정제 작업이다. 일상에서 '절제'라는 이름을 빌어, 욕구를 참다가 그 통제를 놓아버리고 다시 부조화의 상태로 돌아가는 것은 절제가 아니다. 이것은 자기 억압이다. 절제란 '참는' 개념이 아니라, 건전하고 자연스러운 균형 잡힌 덕목을 새로이 만들어 내는 '창조'

작업이다. 수행이란 정해 놓은 법규나 프로그램을 정확하게 실행하는 기계적 로봇을 의도하지 않기 때문이다. 수행이란 모든 통제를 넘어 강제성에서 자유로운 삶의 자연스러운 균형을 찾는 것이다. 그래서 절제는 부조화를 극복하고 일상의 행위를 재-조율하는 재련작업이다.

확신은 불확실성에 대한 자기 합리화가 아니라, 목적지에 대한 점진적인 앎의 확장 과정이다. 확신은 시간을 넘어 다가오는 앎이며, 전체적 맥락을 알 때 발생하는 앎이다. 이것은 예비적 자료와 경험을 바탕으로 하며, 사건의 원리에 대한 구조를 정확히 파악했을 때 발생한다. 세상의 사건은 무작위가 아닌, 일정한 질서와 원리에 순응하는 작용과 반작용의 현상이기 때문이다. 확신은 일종의 예견으로 단순성과 전체성에 가까이 다가감으로 인해 더 확실해진다. 전체성에 다가감이란 '자기'라는 개체를 이완시키고 풀어줌으로써 '자기' 밖의 영역과 동화되는 것이다. 이 확장과 교류를 통해 앎이 발생한다. 앎은 신뢰를 만들고 불안과 불확실성을 제거한다. 평정은 불안을 넘어가야 가능하다.

42

모레가 디왈리Diwali 빛의 축제. 오후에 쉬바와 함께 디왈리 때 사용할 폭죽을 사 놓았다. 습기가 찬 폭죽은 불발이 되기 쉬워, 미리 햇볕에 잘 말리기 위해서다. 옥상에 폭죽을 널어놓고 내려오던 쉬바가 지니방을 들른다.

쉬바: 저녁에 옥상에서 저랑 얘기 좀 해요.

지니: 뭐… 그래라~.

사춘기라지만 요즘은 안정이 된 듯한데, 무슨 고민이 있는 건가? 누나들에게는 말 못하는…….

빠룰은 어제 집에 와서 명절 음식을 만드느라 언니랑 바쁘다.

무르익은 가을이라 이제 밖은 깜깜한데, 쉬바가 왔고, 둘은 옥상으로 올라간다. 여긴 소도시라 대도시와는 달리 별빛이 그런대로 볼 만하다.

쉬바: 이거 마셔요.

지니: 뭔데?

캔 커피다. '아~~니~~~.' 그렇다면!!! 이 상황은 빠룰의 연출? 이 동네엔 캔 커피가 없다. 이곳 하리드와르의 다운타운과 빠룰이 공부하는 데라둔에서나 구할 수 있다. 커피에 별 관심이 없고, 폭죽을 사는 데 일년치 용돈을 다 몰아 넣고도 아직 폭죽이 모자란다고 여기는 쉬바가……

'그래, 너 오늘 크레믈린의 특사구나! 무슨 임무를 받았길래 이렇게 분위기를 잡지?'

지니: 여기는 공기도 맑고 조용하고…… 사람들도 순박하고 참 지내기 좋아.

쉬바: 예, 그렇지만 마을이 점점 커지고 있어요. 사람들도 자꾸 이사 오고…….
근데, 지니는 고향가면 뭘 할 거예요? 교수님?

'이것이군, 오늘 너의 임무가.'

지니: 아니~, 그런 거 별 관심 없어. 난 천성이 학교를 싫어해.
좀 갑갑하지 않겠니? 쉬바…… 넌 재미있니?

쉬바: 아뇨~, 뭐 그래도 좋은 직장이…….

지니: 난 일반인들과 좀 더 생생한 삶을 나누는 현장이 좋아.
쉬바, 넌 미래의 꿈이 뭐니?

쉬바: 전 공무원이 되고 싶어요.

지니: 난, 네가 아버지처럼 사업도 하고, 학교를 운영하고 싶은 줄 알았는데.

네 아버지가 사립학교 이사장이잖아.

쉬바: 그렇긴 하지만, 그건 아버지 일이잖아요.

저는 커다란 조직에서 일을 하고 싶고, 큰 도시도 좋아요.

지니: 그래, 아버지 일을 물려받는 건 너무 쉬울 수 있지.

우리에겐 보다 흥미진진하고 넓은 세계가 필요해.

큰 그림 속에서 우리의 꿈을 그려보자, 쉬바!!!!

쉬바: 멋진데요!!

지니: 우리의 꿈을 위해…… 원샷!!!!!

〈 문다까 II.2.1 〉

Manifest, well-fixed, moving, verily,
in the secret place (of the heart) such is the great support.
In it is centered all this which moves, breathes and winks.
Know that as being, as non-being,
as the supreme object to be desired,
as the highest beyond the reach of man's understanding.

위대한 버팀목은 내밀한 그곳에서 명확하고 안정적이고 살아 움직이네.

그것은 움직이고 숨 쉬고 반짝이는 모든 것의 중심이네.
그를 알라,
존재하는 것으로, 존재하지 않는 것으로,
욕구의 최종 대상으로, 인간의 이해를 넘은 최상급으로.

인간의 중심에 무엇이 있을까? 많은 이들이 '참나' 혹은 '중심'을 찾는 여정을 떠난다. 시작은 이렇게 한다. 그러나 조금 지나 그 첫 번째 목표 설정이 정확한 것이 아님을 알게 된다. 우리의 내면엔 핵의 역할을 할 중심이 존재하지 않음을 직면하고 당황하게 된다. 어떤 경우, 이 자연스러운 상황을 외면하고 초기 설정한 목표에 집착한다. 목적지에 대한 정확한 자료 없이 설정된 결론은 '가설'이다. 모든 작업에 가설은 필요하다. 그러나 동시에 가설은 언제든지 버려질 수 있음을 잊어서는 안 된다. 가설을 버리지 못하고 붙들고 있으면 끊임없는 방황만 남는다. 가설은 첫 발을 떼기 위한 동기부여로서 기여할 뿐이다. 목적지는 도달하지 않고는 알 수 없다. 단지 여정의 과정에서 확인되는 사실을 통해 한 걸음 한 걸음 다가갈 뿐이다. 개념을 통해 읽은 지식으로 목적지를 상상해선 안 된다. 많은 이들이 이 가설에 자신의 여정을 맞추고, 이것이 세상을 판단하는 잣대가 된다. 읽고 들은 붓다가, 천국이 진짜라고 여긴다. 가설은 검증되어야 할 것이지, 머리를 조아릴 대상이 아니다. 짜맞추기식 탐구는 멈춰져야 한다. 결론이

이야기 될 것이 아니라, 스스로 발견한 자료가 공유될 수 있을 뿐이며, 각자가 검증해야 할 과제가 남아 있다. 절대 복지가 가능한 천국이, 슈퍼맨 같은 붓다가 아직도 가설로 설정되어 있는가?

인간의 내면엔 '개체'나 '핵'이 아닌, 무한대로 열린 배경만이 있다. 이 배경에 이르는 것이 여정의 종결이 아니다. 이것은 본격적인 여정의 출발일 뿐이다. 인류는 얼마 전 처음으로 지구의 대기권을 벗어났다. 고대 인류에게 그것은 곧 천국을 의미했을지도 모른다. 그러나 오늘날 인류가 직면한 것은 감당하기 버거운 우주적 배경이었다. 우리는 이제야 비로소 이 배경을 향한 첫 발을 내디뎠음을 안다. 과거의 가설은 폐기되었다. 하나 하나 밝혀지는 사실을 통해 우리는 전체 그림을 그리고 있다. 그러나 아무도 그것을 정확히 아는 이는 없다. 예수나 붓다가 제시한 청사진이 최종 그림이었을까? 그들이 말하지 못한 더 세밀한 청사진은 정말 없는가?

43

나는 산을 정복하려고 이곳에 온 게 아니다.
또 영웅이 되어 돌아가기 위해서도 아니다.
나는 두려움을 통해서 이 세계를 새롭게 알고 싶고 느끼고 싶다.
이 높은 곳에서는 아무도 만날 수 없다는 사실이 오히려 나를 지탱해 준다.
…… 고독이 정녕 이토록 달라질 수 있단 말인가.
지난날 그렇게도 슬프던 이별이 이제는 눈부신 자유를 뜻한다는 걸 알았다.
그것은 내 인생에서 처음으로 체험한 흰 고독이었다.
이제 고독은 더 이상 두려움이 아닌 나의 힘이다.
라인홀트 메스너(Reinhold Messner, 1944~, 전문 산악인)

〈 문다까 II.2.7 〉

He who is all-knowing, all-wise,
whose is this greatness on the earth,

in the divine city of Brahmā, in the ether (of the heart)
is that self-established.

모든 앎과 지혜를 가진 그는,
세상과 신성한 영역과 내밀한 그 대기에서의 그의 위대함은,
스스로 있네.

내밀한 곳에 무엇이 있다고 한다. 이곳에 닿기가 그렇게 어려운가? 그곳은 정말 그렇게 먼 곳인가? 이솝 우화에 포도를 따먹지 못한 여우가 발길을 돌리며 "저것은 분명 신 포도일 거야!"를 외치듯, 자기 합리화나 남을 질투하고 있지는 않나? 그 이전에 자신이 얼마나 투철했나를 살핌이 어떨까? 삶이 쉬운 것은 아니지만, 많은 이들이 자신들이 닿을 거라 기대하지 못한 그곳에 도달하고 있다.

내밀한 그곳엔 인간을 변화시키는 힘이 있다. 서구의 전설에 나오는 '철학자의 돌(Philosopher's stone)'이나 '성배(the Holy Grail)' 이야기는 인간 내면에 숨겨진 이러한 비밀의 힘에 대한 표출이 아닐까? 이 힘이 전설에 나오는 것처럼 마법적 힘을 가리키진 않지만, 라인홀트의 경우처럼 분명 우리를 변화시킨다. 슬픔이, 고독이 새롭게 태어난다.

44

오늘은 디왈리Diwali. 쉬바는 용돈을 이미 다 써버렸지만, 엄마와 아빠에게서 흘러나오는 자금으로 새로운 미사일을 더 구입하며, 전쟁 준비를 완료한다. 역시 디왈리엔 로켓이 꽃이다.
지니는 일찌감치 특별 프로그램을 마련해 놓았다.

지니: 쉬바, 오늘 몇 시야?
쉬바: 저희 집에서 같이 저녁 먹고, 바로요.

디왈리 땐 매년 사비따가 지니를 초대한다.
6시경, 어스름한 어둠이 내리고, 저마다 집안 곳곳에 등불을 흩뿌려 놓자, 마을 전체가 빛의 화환이다. 디왈리는 빛의 축제다.
저녁을 먹은 쉬바와 지니는 샤르마 타운의 식구들을 불러낸다.
여유가 없는 가정에선 폭죽 마련이 부담이라, 지니와 쉬바는 지니의 한 달 방세를 훌쩍 넘는 비용을 투자했다.
어린아이들은 팽이 폭죽에 열광하고, 크래커 폭죽에 까무러치며, 어른들은 로켓으로 하늘에 촛불을 밝힌다. 샤르마의 안마당과 하늘은 반짝이는 마음들로 가득하며, 그 마음들을 선명히 안아주는 하나의 배경이 살포시 미소 짓는다.
빛과 어둠의 향연이 그윽해질 즈음,
지니는 한쪽에 놓여 있던 종이 상자를 개봉한다.
그 시간이 된 것이다.
상자에선 작은 매론만한 폭죽이 세 개 나온다. 사비따, 쁘리앙까, 빠룰을 위해 지니가 준비한 디왈리 의식에 사용될 제물들이다. 이것은 분수형 폭죽으로 각각 다른 빛깔을 발하도록 만들어졌다. 모두가 조용히 지켜보는 가운데, 세 사람이 각자 소원을 빌며 사비따부터 하나씩 고른다. 그리고 그녀가 먼저 불을 당긴다. 불꽃은 순식간에 사람 키 둘 정도로 치솟으며 샤르마의 마당에 빛의 분수를 뿜어낸다. 모두들 박수와 환호로 사비따의 기원에 성심껏 동참한다.
빠룰의 차례가 되자, 그녀는 새삼 긴장하는 듯하다. 잠시 머뭇거리다, 막대형 향을 심지에 가져간다.
'<u>ㅊㅊㅊ</u>……'
이삼 초 후, 빛의 방울들은 어둠을 타고, 깊고 아늑한 배경 속으로 강렬히 스며든다.
그 맹렬한 침투 저 너머로부터 빠룰의 눈빛이 지니를 붙들고 있다.
그 눈빛을 받는 지니에게서 모든 감각이 하나둘 떨어져 나간다.
코를 쏘던 퀴퀴한 화약 냄새도, 갈지자를 그리던 환호도, 얼굴을 간질이던 늦가을 바람도 희미한 안개로 녹아 물러나고, 세상엔 빠룰의 애절한 떨림만이 외로이 어둠의 배경을 밝히고 있다.
'그저 놓아주자.
저 떨림이 온전히 배경과 하나되도록.
영원히 사라지지 않을 배경에 저 떨림을 새기도록.
저 떨림의 배경이 나를 삼켜 세상을 멸하도록.'
'슝~~~~~~~~'
쉬바가 로켓을 올리고, 저 높은 곳에 꽃이 활짝 핀다.
지니는 빠룰에게 다가가 향과 로켓 하나를 건네고,
빠룰은 그것을 발사대에 꽂으며 지니를 올려다보고 있다.
지니는 환한 미소로 빠룰을 따라 그 로켓에 탑승한다.

〈 문다까 II.2.8 〉

He consists of mind and is the leader of life and body and is seated in food (i.e. the body) controlling the heart. The wise perceive clearly by the knowledge (of Brahman) the blissful immortal which shines forth.

그는 마음으로 이루어져, 숨과 몸을 이끌고 심장을 조절하며 몸에 앉아 있네.
현명한 자는 브라흐만의 지혜로써 빛나는 축복의 불멸을 분명히 감지하네.

현상의 인간은 몸과 마음으로 이루어져 있다. 둘은 에너지이며 이것은 곧 언제나 변화하고 있다는 것의 다른 표현이다. 그래서 몸과 마음이 인간 현상이며, 그 외의 다른 무엇이 인간에겐 없다. 우리가 찾는 대단한 그 무엇은 없다. 인간 현상이란 생각의 울렁임이고, 이 울렁임이 시공에 표현된 것이 몸이다. 몸과 마음이 위대한 무엇으로 변화되기를 기다린다면 그런 날은 결코 오지 않을 것이다. 우리가 추앙하고 닮기를 바라는 그 많은 현인들도 한편으론 단지 그 울렁임이었다. 그들이 훌륭하다면, 그것은 그들이 자신들의 몸과 마음이 대단한 그 무엇이 아님을 알았다는 사실뿐이다. 그들의 훌륭함은 자신들의 뼈 가루가 강과 바람에 흩날려지기 이전에, 몸과 마음을 매 순간 현상의 바람에 흩날려버렸다는 것이다. 그들은 몸과 마음을 놓아 줌으로써 편안함을 얻었다. 우리와의 차이점이란 단지 그것뿐이다.

'놓아 준다'는 것은 놓는 무엇이 있다는 것이다. 분명 그렇다. 놓기 전까진 놓는 '나'가 존재했다. 놓음이 이루어진 뒤엔, 놓아진 몸과 마음만 있고, 놓는 주체는 없다. 몸과 마음은 현상으로서 그저 시공과 맥락의 좌표 위를 떠돌 뿐이다. 떠돌지 않는 배경만이 그 좌표를 떠받친다. 불멸이란 변화하지 않음을 가리키며, 변화하는 몸과 마음을 걷어내고 나면 배경이 놓여 있다. '나의 배경', '너의 배경'이 따로 존재하지 않는다. '참 나', '참 너'란 존재하지 않는다. 배경은 모두의, 모든 것의 배경이다. 모니터에 영화가 펼쳐지면 수백 명의 인물이 등장하지만 모니터는 하나이고 매 순간 분사되는 이미지만 바뀐다. 인간 현상은 배경에 분사되는 이미지이다.

'나의 현상'을 놓아 주자. 왜 '나의 현상'이 위대하기를 바라는가? 왜 '위대한 인간'이 되기를 바라는가? 왜 '붓다'가 되기를 바라는가? 왜 '깨달은 자'가 되기를 바라는가? '붓다'와 '깨달은 자'는 우리의 생각 속에만 있다. 배경 위에 '붓다'와 '깨달은 자'는 없다. 배경 위엔 인간 현상만 있다. '여여如如'는 있으되 '여여如如한 자'는 없다.

45

20여 년 전 친구와 처음 인도를 갔을 때이다. 여행을 떠나기 전 우리는 인도의 음식, 날씨, 불편한 여러 에피소드 등을 읽었다. 시기는 5월 어느 오후, 우리는 인도 북부 평지 지역을 걷고 있었고, 낮 기온은 섭씨 50°를 웃돌고 있었다. 아스팔트가 샌들에 눌러 붙었고 길거리엔 현지인들도 눈에 띄는 일이 드물었다. 우리는 흙먼지를 뒤집어쓰며, 터벅터벅 도시 여기저기를 활보했다. 더웠다. 그것도 무척 더웠다. 그러나 더위에 대한 짜증은 없었는데, 그것은 '여기는 인도잖아'였다.

친구와 내가 인도에 대해 아는 것이라곤 그저 더운 나라라는 것, 우리는 그것을 알고 여기로 왔고, 그래서 더운 것은 너무 당연한, 재고의 여지가 없는 순응해야 할 사실이었다. 더울 것을 예상은 했으나, 얼마나 더운가에 대한 개념이 없었다. 그래서 모든 것을 있는 그대로 수용하고 있었다. 돌이켜보면, 제정신이 있는 행동이 아니었고, 단순함을 넘어 무모했다. 그러나 우리는 그것을 즐기고 있었다. 여행의 신선한 살을 날것으로 먹고 있었다.

여행을 떠날 즈음, 친구와 나의 의식 상태는, 생명은 붙들고 있어야 된다는 사실 외엔 아무것도 남아 있질 않았다. 우리는 인생 전부를 사회로부터 압수당한 상태였기 때문이다. 그저 세상이 흘러가고 있었다. 더위도 졸음도 배고픔도….

인도에 발을 딛는 첫 날, 우리는 캘커타 공항 대합실에서 노숙을 했고, 새벽에 낯선 도시에 버스로 내리면 길에 돗자리를 깔고 그냥 잠을 잤다. 먹을 것이 있으면 아무것이나 먹었고, 여의치 않으면 그냥 굶었다. 유네스코 문화유산에 등재되어 있다는 많은 유적과 난생 처음 보는 사람과 사건들이 아무 흔적을 남기지 않은 채, 우리의 마음 위를 지나갔다. 세상은 저만치 있었고 우리는 방관자였다. 어쩌면 우리에겐 무언가를 붙들고자 하는 의욕이 없었는지도 모른다.

원인이야 어찌되었든, 우리는 매일을 선입견 없이 받아들이고 있었다. 그것이 행복인지 고통인지도 몰랐다. 그저 사건에 반응하고 있었다. 우리는 생각이 멈춘, 의도가 멈춘 행위가 무엇인가를 배워 가고 있었다. 더위가 살을 녹일 때, 온전히 더위만 있었다. 졸음이 눈까풀을 잡아당기면, 나와 세상은 한낱 귀찮은 존재였다. 현상은 매일 주위를 맴돌았고, 어느 것 하나 붙들리질 않았다. 그 시절, 그렇게 우리는 태양 주위를 맴돌고 있었다.

〈 문다까 II.2.9 〉

The knot of the heart is cut, all doubts are dispelled and his deeds terminate,
when He is seen – the higher and the lower.

그가 상위의 것(비-현상)과 하위의 것(현상)으로 드러날 때,
마음의 매듭이 풀리고, 의심이 사라지며, 행위는 멈추네.

세상은 배경(비-현상)과 현상으로 구성되었다. 아무리 이 말을 되뇌인다고 마음의 매듭이 풀리는 것은 아니다. 지식은 지식일 뿐이다. 생각이 아닌 내용이 실제로 인식될 때에야 비로소 매듭이 풀린다. 여기서의 인식은 실제를 있는 그대로 본다는 것이다. 명상은 생각을 멈추고 생각했던 내용을 시공간 안에 구현하는 작업이다. 마음의 매듭이 풀리면 행위자는 흩뿌려지고 현상만이 이리저리 흩날린다.

46

해가 이미 넘어간 저녁, 지니는 옥상에서 늦가을의 상큼한 바람을 폐부에 밀어 넣고 있다.

아마(할머니)의 집 건너 저쪽 강가에선 독수리 한 마리가 큰 원을 그리며 저녁 사냥에 나섰다.

곧 어둠이 내릴 텐데, 저 녀석은 아직 공복인가 보다.

지니의 가슴도 공복이긴 마찬가지다.

"뭘 봐요?"

갑자기 따누의 목소리가 지니의 빈 가슴을 울린다.

지니: 저 위에 새를…….

따누: 지니의 뒷모습이 슬퍼 보여요.

지니: 따누의 마음이 그런 건 아니고요?

지니는 들켜버린 모습을 애써 수습하려 따누를 놀린다.

따누: 저처럼 단순한 사람은 슬픔도 별로 없어요.
지니… 고향의 가족이 그리워요?

지니: 가끔은…….

따누: 결혼하기 전엔 저도 지니처럼 먼 곳으로 떠나 자유롭게 훨훨 날고 싶었어요.

지니: 그래 보지 그랬어요?

따누: 아니, 전, 가족이 더 그리웠어요…. 호호호~~.

지니: 일상을 벗어나 여유롭게 날아다닌다는 것은 확실히 매력 있는 일이에요.

그런데… 그것이 또 하나의 일상이 되고 나면…….

따누: 또 떠나가요? 그렇게… 영원히?

지니: … 아니… 꼭 그런 것은 아니지만…….

우리의 잔털을 떨리게 할 상큼한 공기가 필요하다는 거지요.

그리고 그 작은 떨림이 마침내 우리의 심장에까지 도달하는…….

따누: 제가 보기에 지니에겐 가족이 더 필요해요.

새로운 가족 말이죠…. 호호호~~.

독수리도 온데 간데 없어지고, 땅거미가 짙어지자 따누와 지니는 같이 계단을 내려온다.
건물 안은 밝고 훨씬 따듯하다. 이런 느낌이 따누의 가족이란 것일까?

〈 문다까 Ⅲ.1.1 〉

Two birds, companions (who are) always united,
cling to the self-same tree.
Of these two, the one eats the sweet fruit
and the other looks on without eating.

항상 함께하는 동료인 두 마리 새가 같은 나무에 앉아 있네.
둘 중, 하나는 달콤한 열매를 먹고,
다른 하나는 먹지 않고 바라보네.

한 나무의 두 마리 새는 인간 현상에 얽혀 있는 두 종류의 의식에 대한 비유이다. 심리학에 의하면, 사고하는 의식과 그 사고를 바라보는 의식이 동시에 존재함이 밝혀졌다. 그들은 같이 있으나 상황적 분위기는 완전히 다르다. 열매를 먹는 새는 끊임없이 공급되는 이미지를 처리한다. 생각에 생각을 더하며 우리의 일상적 삶을 운영한다. 이 새를 우리는 마음이라 부른다. 마음은 활동가이다. 그는 현상을 즐기며, 또한 현상을 창조한다. 그래서 그는 인간 현상을 쉽게 장악했다.

열매를 먹지 않고 바라보는 새는 배경의식이다. 그는 인간 현상에 둥지를 틀고 있으나, 인간의 나무에서 자유롭다. 그 나무의 열매를 먹지 않기 때문이다. 배경의식은 현상을 즐기지도 만들지도 않는다. 그는 그저 자신의 동료와 나무를 바라본다. 그의 역할은 자기 동료에게 열매를 먹지 않고 바라보는 자가 있음을 상기시키는 것이다. 정신 없이 열매를 먹기에 바쁘던 그의 동료는 어느 순간 당황스럽다. 말없이 미동도 없이 자신을 바라보는 그를 느꼈기 때문이다. 먹던 열매가 목에 걸린다.

'저 녀석은 뭐야?' 괜히 쑥스럽다.

그리고 목에 걸린 열매를 토해내고 잠시 말없이 쉰다.

그리곤 다시 먹기 시작한다.

힐끔힐끔, 바라보기만 하는 그 녀석을 곁눈질하며.

열매를 먹는 새는 어딘가 불편하다. 자기가 무엇인가 잘못을 저지르고 있는 양.

스스로를 향해

'너는 왜 이러냐?

왜 이렇게 게걸스럽게 먹고 있지?

저 녀석을 좀 봐!'

열매를 먹는 새는 자기 동료를 통해 자신을 바라본다. 자신의 정체성을 고민하기 시작한다. 그리고 새로운 세계를 감지하며 저 푸른 창공을 바라본다.

열매를 먹던 새가 먹기를 포기하는 것이 이야기의 결말이 아니다. 바라만 보던 새가 동료에게 던지는 메시지는 먹기를 그만두라는 것이 아닌, 함께 푸른 창공을 날아보자는 것이다. 때로는 먹는 것을 쉬고, 몸을 가볍게 하여, 하늘을 박차고 날아올라 깃털 사이로 흐느끼는 바람의 소리를 들어보자는 것이다. 인간 현상은 서로 다른 두 마리 새가 조화롭게 펼치는 활공 공연이다.

47

숨을 제대로 쉴 수가 없었다. 알지 못하는 무언가가 폐부에서 숨을 밀쳐내고 있었다. 눈동자는 초점을 잃어 갈팡질팡, 공기가…… 한 움큼이나마 공기가 필요했다. 심장은 굶주려 소리를 질렀고 근육의 피는 말라갔다. 뛰었다. 그저 뛰었다. 심장이 터져버려 더 이상 소리를 지르지 못하도록.

오래 전, 살아 있음이 고통스러울 때가 있었다. 희망도 의욕도 사랑도 미움도 사라지고, 남아 있는 건 생명에 대한 저주뿐이었다. 생명이 하는 건 고작 고통을 인식하게 하는 잔인한 깨어 있음을 제공하는 것이었다. 이 고통은 신뢰의 배신에서 시작했다. 그동안 가졌던 신앙, 아니 신앙이라기보다는 스스로 만든 생각의 아성에서 오는 배신이었다. 처음엔 분노했고, 다음엔 자신의 어리석음에 부끄러웠다. 무언가를 믿고 의지하며 살았을 땐 안정과 확신이 있었으나, 그런 의지처가 사라지자 살아 있을 힘을 잃었고 세상이 숨통을 옥죄었다. 생명은 고통의 시작이었다.

고통은 젖먹이 아기가 엄마의 품을 상실함으로써 오는 것이었다. 그 두려움이 모든 것을 거부하고 있었다. 자신의 근거를 송두

리째 거부하던 어느 날, 더 이상 물러설 수 없던 벽을 넘어 서 있었다. 그것은 분명 생명이었다. 그러나 이전에 알던 것과는 다른, 시작과 다함이 없는, 여기저기로 나뉘지 않은 하나인 생명이었다. 며칠 뒤, 그 생명은 꿈결처럼 빠져나가 버렸고, 다시 고통의 바다를 표류했다. 고통의 파고는 갑절이 되어 있었다. 기존의 생명이 던지는 잔인함과 놓쳐버린 생명에 대한 갈망이, 어두운 심연 속으로 끝없이 끝없이 그 가엾은 젖먹이를 밀어 넣고 있었다.

〈 문다까 Ⅲ.1.4 〉

Truly it is life that shines forth in all beings.
Knowing him, the wise man does not talk of anything else.
Sporting in the self, delighting in the self, performing works,
such a one is the greatest of the knowers of Brahman.

분명 모든 존재 안에서 빛나는 것은 생명이네.
이를 아는 지혜로운 자는 어떤 말도 하지 않네.
이 안에서 즐기고 기뻐하며 일하는 그는
브라흐만을 아는 자들 중에 으뜸이네.

모든 존재 안에 있는 그것은 곧 생명의 근원이며, 모든 생명이 뿌리를 내리고 있는 배경이다. 존재가 배경으로부터 흘러나올 때, 그것은 나뉘지 않는 생명의 충만함을 이룬다. 이 생명력은 자신을 온전히 던져버릴 때만 다가오는 충만함이다.

48

산지브가 오랜만에 지니의 방에 놀러 왔다. 표정이 별로 밝지 않다.

지니: 요즘도 리쉬케쉬에 다녀?

산지브는 자신의 영적 스승을 모시고 있다. 듣고 있는 바, 훌륭하신 분인 듯하고, 그 덕분에 산지브의 생각의 폭이 많이 넓어졌다.

산지브: 매일 오토바이로 출퇴근하다시피…….

지니: 근데, 너 안색이 별로다!

산지브: 응, 고민이 좀……

오래 전부터 산지브 아버지는 아들이 스와미(힌두 수도승에 대한 존칭) 따라다니기를 그만두고, 결혼을 하고 정상적인 직업을 갖기를 원한다. 요즘 건강이 나빠진 아버지는 압력의 가중치를 더 높였다.

산지브: 선을 보았어!

지니: 뭐?????

아버지의 요구로 얼마 전 한 사람을 만났고, 여자 집안에서 자꾸 연락이 온다는 것이다. 그런데, 가만히 보니 산지브의 마음이 흔들리고 있다. 집을 떠나 숲으로 도망가겠다는 얘기를 입에 달고 다니던 녀석이…….

지니: 결혼하고 싶니?

산지브: 꼭 그런 건 아닌데…, 아버지의 뜻을 거역하기도 힘들고…….

변명을 찾는 걸 보니, 갈등이 심한가 보다.

지니: 모든 것을 가질 수 없는 것이 세상이야. 그리고 정답도 없어. 선택이 있고, 아픔이 따르고, 그리고 성장이 있지.

산지브: 결혼이 많은 것을 앗아갈 것 같아 두려워.

지니: 난, 네가 결혼하지 않았으면 해. 넌 결혼을 위해 너무 준비된 것이 없어.

지금껏 너는 보편적 사람에 대한 공부만 해 왔지만, 결혼은 특정한 한 사람과 가족이라는 공동체에 대한 공부야.

산지브: 무슨……?

지니: 보다 더 구체적이고, 책임이 따른다는 것이지.

산지브: 내가 잘할 수 있을까? 결혼생활을…….

고민에 대한 결정보다는 위로를 받고 싶은 것이 오늘 산지브의 심경이다.

지니: 결혼을 한다고 너의 공부가 단절되거나 방해를 받는 것은 아니야.

약간의 장애가 따르고, 지혜가 필요할 뿐이지.

이제부터는 달라지는 공부의 성격과 접근을 감내할 준비를 하면 돼.

그리고…… 외적 상황이 중요하지 않을 수도 있어.

산지브: 많은 것이 달라질 텐데……?

지니: 중요한 것은 네가 취할 삶의 자세와 방향이지.

상황의 종류가 아닌, 상황에 대한 진실성과 정성이 우리를 이끌어.

삶은 막연한 꿈이 아닌, 살아있는 순간들로 이루어진 선택의 연속이지.

그리고 그것이 우리를 어디론가 데려가.

산지브: 그래, 두려움이 날 바보로 만드네.

지니: 산지브!!! 너 지금껏 누구보다 용감했잖아, 심할 정도로……. 흐흐흐.

산지브: 넌… 결혼할 거니?

〈 문다까 Ⅲ.1.5 〉

This self within the body, of the nature of light and pure,
is attainable by truth, by austerity,
by right knowledge, by the constant (practice) of chastity.
Him, the ascetics with their imperfections done away,
behold.

몸 안에 있으며, 빛나고 순수한 본성을 가진 그는
진실과 엄격, 바른 지식과 지속적인 고결함으로 얻어지네.
자신의 미성숙을 극복한 고행자들은 그를 보네.

성숙함이란 무엇일까? 구체적 정의를 내리기가 곤란하다. 미성숙의 상태는 성숙을 알 수 없는 상태를 가리키기 때문이다. 여정에서 목적지가 명확하지 않다는 것이지만, 그렇다고 단서마저 없는 것은 아니다. 이 시점에서 분명한 것은 그 단서를 다루는 우리의 태도가 여정의 승패를 결정한다는 것이다. 많은 이들이 길을 떠나고 무수한 역경이 그들을 맞이한다. 누구는 피해 가고, 누구는 맞이하나, 어느 선택이 맞는지 알 수는 없다. 분명한 것은 모든 상황을 피해 갈 수 없다는 것과, 다음 상황을 위해선 힘이 필요하다는 것이며, 이 힘은 상황을 극복할 때 발생한다는 것이다. 힘은 인내의 능력과 동시에 단서를 읽어내는 지혜이다. 여정의 끝은 보이지 않는다. 얼마만큼의 물과 식량이 필요한지 알 수 없다.

경구는 여정을 위한 몇 가지 덕목을 열거한다. 우선 바른 길에 대한 감각이 있어야 하고, 그 길에 대한 투철함이 요구된다. 현대엔 많은 정보가 공유되고, 어렵지 않게 유용한 길들을 발견할 수 있다. 문제는 '얼마만큼 선택한 길에 대한 투철함과 정성을 유지할 수 있는가'이다. 너무 많은 길들에 우리는 오히려 혼란스럽고, 바른 길에 대한 강박증을 가지고 있다. 길에 있어 정답은 없다. '바른 길'이 아니라, 길을 가는 '바른 태도'가 있다. 여정의 상황을 대하는 태도가 바른 길을 찾아준다. 이 태도의 정수는 '정성'이다. 이것은 매 순간 자신의 전 존재를 던져 넣음이다. 다가오는 외적 상황이 어떤 것인가는 중요하지 않다. 그 상황을 맞이하는 자신의 상태가 성장을 만들고 힘을 모은다. 다른 길을 부러워할 것이 아니라, 자신의 길을 사랑하자.

49

따누가 며칠 보이지 않다가, 어젯밤 늦게 돌아온 듯하다. 따누만큼이나 궁금증에 목이 마른 지니지만, 꾹 참고 기다린다. 따누의 성격을 알기 때문이다.

따누: 잘 지냈어요?

지니: 바람이 나 어디 도망간 줄 알았어요…… 흐흐흐…….

세탁을 마치고 애들을 재워놓은 따누가 지니 방으로 건너온다.

따누: 델리에 좀 다녀왔어요.

지니: 거기에 친척도 없잖아요.

따누: 엄마 때문에…….

오래 전, 따누의 두 동생들이 채 말을 배우기도 전에 그녀의 어머니는 아이들을 떠나갔고, 따누는 그녀에 대한 분노를 깊은 곳에 담아두고 있었다. 그런 그녀를 만나고 온 것이다.

지니: 어떻게…….

따누: 저희 삼촌에게 연락이 왔었어요. 저희들을 만나고 싶다

고…… 지금, 많이 아파요!

지니: 따누는 어머니를 만나는 것이 괜찮았어요?

그녀의 눈시울이 뜨거워진다. 한참이 지난 후,

따누: 엄마는 많은 얘기를 하며 용서를 구했지만, 저는 믿을 수가 없어요.
무엇이 진실인지…….
병상에 있는 어머니에게 화를 낼 수는 없었어요.

지니: 두 개의 바람이 따누의 마음에 회오리를 만들고 있네요.

따누: 엄마의 얘기가 진실일까요?

지니: 음~ 진실이란 건 없어요.
그 시절 어머니의 판단이 있었고, 그에 따른 행동이 있었지요.
다른 이해가 다른 행동을 낳았을 수도 있지만…….

따누: 그래도 용서는 되지 않아요.

지니: 어머니의 판단이 많은 아픔을 낳은 것은 맞아요.
그런데, 따누가 생각해 보아야 할 것은,
그 사건이 앞으로도 계속 아픔을 생산하도록 방치할 것인지,
이제 그 아픔을 끝낼 것인지,
따누가 선택할 수 있다는 거지요.

따누: 공을 저에게 넘기는 거예요?

지니: 선택이 있고, 아픔이 따르고, 그리고 성장이 있지요.

〈 문다까 Ⅲ.1.6 〉

Truth alone conquers, not untruth.
By truth is laid out the path leading to the gods
by which the sages who have their desires fulfilled
travel to where is that supreme abode of truth.

진실이 홀로 승리를 거두네.
진실에 의해 신으로 가는 길이 열리고,
진실에 의해 욕망을 성취한 현인들이
진실의 최고 거주지로 여행을 하네.

많은 행위의 덕목 중 경구는 '진실'을 강조하고 있다. 한 가지 의문은 '무엇이 진실이냐?'는 것이다. 세상엔 '객관적 진실'이라는 것이 존재하지 않는다. 사건이 있고, 다양한 해석이 있으며, 이 해석들은 서로 조화롭지 않을 때가 더욱 많다. 그래서 우리가 '진실'이라고 부르는 것은 조건적이고 부분적이다. 인간에게 있어 절대적 진실이 불가능한 것은 인간 자체가 절대성을 결여하고 있기 때문이다. 현대인은 이제 이 절대성에서 자유로울 필요가 있다. 고정된 기준에 대한 강박관념을 떨쳐버리고, 변화에 감응하는 유연성은 어떨까?

진실은 조건 안에서의, 혹은 개체 안에서의 '조화'로 이해됨은 어떨까? 많은 이들의 생각과 말이, 말과 행동이 다르다. 이럴 때 우리는 그가 진실하지 않다고 하는데, 조화가 깨어졌기 때문이다. 이러한 한 인간 안에서의 부조화는 사회를 혼란스럽게 만들고 신뢰를 무너뜨린다. 그래서 인류 문명은 지금껏 진실을 강조해 왔다. 한 인간의 안과 밖이 조화를 이룬다는 것은 사회 질서에 크나 큰 의미를 가지는데, 이것이 사회 안의 불확실성을 상당 부분 제거해 주기 때문이다.

한 인간의 조화로움은 우리의 '성숙을 향한 여정'에 반드시 필요한 덕목이다. 생각과 언어, 혹은 행위와의 조화는 당연하며, 생각들 사이의 상호 조화가 더욱 중요하다. 생각의 분열은 일차적으로 자신에게 고통을 준다. 스스로 자신을 부정하는 상황에서 무엇을 기대할 수 있을까? 내면의 조화가 구체적으로 드러나는 한 가지 예는 '자신에게 솔직함'이다. 세상을 살며 남에게 솔직하기도 쉽지 않지만, 더 어려운 일은 자신에게 솔직해지는 것이다. 자신의 부족함을 정확히 인정하는 것이 내적 힘이다. 내면의 조화는 우리 여정을 위한 강력한 힘이다. 결국 그 여정이란 우리와 환경, 그리고 나아가 전체와의 조화를 향한 길이기 때문이다.

50

따누가 다시 사라졌다. 니띤의 말로는 델리에 갔단다.

'그래, 어머니에게……'

며칠 후, 따누가 돌아왔다.

따누: 엄마가 돌아가셨어요…….

지니: 예~, 결국…….

따누: 이번에 엄마를 통해 뻬후와 빠리에 대해 많은 생각을 했어요.
이 애들은 나에게 무엇일까? 그리고………
지니, 전에 저희 언니가 빠리에 대해 저에게 제안한 것 기억하세요?

지니: 물론이죠. 언니가 빠리를 키우고 싶다는…….

따누: 사실~~~, 저 조금 흔들렸어요. 짧은 순간이었지만…….

지니: 예, 알아요. 그런데… 사람이면 누구든 그럴 수 있어요.
자신을 자책하지 마세요.

따누: 그 일을 생각하니, 엄마를 바로 볼 수가 없었어요.
엄마의 자리에 제가 누워 있는 듯해서…….

그녀는 한동안 바닥만 내려다보다가,

따누: 엄마랑 제가 크게 다르지 않은데…….
빠리를 보니, 엄마를 미워할 수만도 없었어요.
지니: 어머니는………?
따누: 그저께 돌아가셨어요.
돌아가시기 전, 제가 엄마의 손을 잡아드렸어요.
엄마는 끝없이 우시기만 하셨죠.

따누는 다시 바닥을 보며 흐느끼고 있다. 아픔이 왔고, 성장이 이미 문지방을 넘고 있다.
오늘, 따누는 '엄마'를 넘어 '어머니'로 확장 중이다.

〈 문다까 Ⅲ.1.7 〉

Vast, divine, of unthinkable form, subtler than the subtle.
It shines forth, farther than far, yet here near at hand,
set down in the secret place (of the heart)
(as such) even here it is seen by the intelligent.

크고 신성하며 상상할 수 없는 형태로 미세한 것보다 더 미세하네.
먼 것보다 더 멀고, 그럼에도 바로 곁에서 빛나는 그것이,
내밀한 곳에 앉아 있으니, 여기에서 현자들에게 보이네.

우리가 찾는 것은 무엇일까? 일반적으로 우리는 현재의 존재와 상태를 거부한 무엇을 찾는다. 이것을 종합해 보면 '초월'이라 표현할 수 있다. 그런데 초월엔 두 가지 종류가 있다. '이동'으로서의 초월과 '확장'으로서의 초월이 그것이다. 이동의 개념은 하나의 영역을 떠나 다른 영역을 취하는 것이다. 이 구조 속에선 필연적으로 상실의 영역이 발생한다. 이동으로서의 초월은 세상을 부정한 것으로 보는 생각에 기초하고 있다. 이 관점은 고통은 고통일 뿐이며, 싫은 것은 싫을 뿐이다. 고통과 혐오를 도려내고 깨끗하고 즐거운 것으로 채우고 싶다. 이것이 나쁘다고는 할 수 없다. 어쩌면 자연스러운 것인지도 모른다. 부분적 혹은 자기중심적 관점에선. 그런데, 이 관점이 야기할 수 있는 것은 항상 선택받지 못하는 영역이 발생한다는 것이다.

세상은 부정하지 않다. 다만 균형을 잃고 있을 뿐이다.
세상은 버려져야 할 것이 아니다. 단지 치유가 필요할 뿐이다.

확장의 개념은 '품고 넘어감'이다. 이 구조엔 버려지는 영역이 없다. 확장으로서의 초월은 세상을 긍정하는 것에 기초하고 있다. 이 관점에서 고통은 더 이상 고통만이 아니며, 싫은 것이 항구하질 않다. 고통은 의미를 가지고 있으며, 혐오는 기호로 바뀔 수 있다. 고통은 변화를 촉구하는 신호이다. 현재 상태의 무엇이 부조화를 만들고 아픔이 있다. 이 부조화를 알아차리게 하는 것이 고통의 역할이다. 그리고 변화를 받아들인다. 외부의 요소를 받아들이고 넓어진다. 이것은 확장이 가진 넘어감의 특성이다. 품음은 포용이며, 이 또한 받아들임이고 사랑이다. 사랑은 동질화를 뜻한다. 품음은 혐오를 기호로 변화시킨다. 확장은 전체성을 지향하며, 여기선 모든 것이 선택된다. 우리가 찾는 것은 '이동의 초월'인가, '확장의 초월'인가?

51

저녁이 깊어갈 즈음, 사비따가 지니 방을 들른다.

사비따: 우리 쉬바 안 왔어요?

지니: 아뇨, 요즘 바쁜지 얘기한 지가…….

사비따: 어디로 갔지……? 저녁 먹을 때가 다 되었는데……. 오후에 지 아빠에게 혼이 좀 났거든요.

따누: 왜요?

KGB요원이 냄새를 맡고 현장에 들이 닥친다.

사비따: 그 애가 운동을 좋아하잖아! 요즘 성적도 떨어지는데, 학교 크리켓 팀에 들어간다고 해서…….

따누: 샤르마 아저씨가 당연히 열 받죠. 나중에 자기 재산을 관리…….

지니가 따누의 등을 꾹 찌른다. 과한 직설적 표현에.

따누: 어~~~, 저는 쉬바가 부러워요. 학교도 다니며 원하는 것을 할 수 있는…….

저는 학교를 못 다녔잖아요. 저도 그 시절 하고 싶은 것이 많았는데…….

성적만 좋다고 꼭 성공하고 행복한 것은 아니에요.

저는 행복하거든요. 돈은 없지만……. 호호호~~.

지니: 저도 따누에게 공감해요. 그리고……

크리켓이 쉬바의 미래에 굉장히 유용할 수 있어요.

따누: 몸이 건강하면 좋죠.

지니: 그것도 있지만……

크리켓을 통해 쉬바는 팀워과 리더쉽을 키울 수 있어요.

이 부분은 샤르마 아저씨도 굉장히 관심이 있을 걸요!

따누: 아~~~, 노는 게 그냥 노는 게 아니네요.

지니: 그리고, 쉬바가 지금 사춘기라……

자신의 욕구가 너무 억압되면 성격에 장애가 생길 수도 있어요.

건전한 방향으로 욕구가 표출될 출구를 열어줘야 해요.

사비따: 그러네요. 지 아빠랑 상의를 좀 해야겠어요.

아무튼, 오늘 고마워요. 모두들……

그 다음 주 일요일, 쉬바가 하얀 크리켓 유니폼에 커다란 스포츠 가방을 메고 안마당으로 나온다. 샤르마는 이미 시동을 걸고, 대문을 열어 놓았다. 경기장으로 아들을 태워다 주는 모양이다.

〈 문다까 III.2.2 〉

He who entertains desires, thinking of them,
is born (again) here and there on account of his desires.
But of him who has his desire fully satisfied,
who is a perfected soul,
all his desires vanish even here (on earth).

욕망을 즐기는 자, 그것으로 인해 다시 태어나네.
그의 욕망을 충분히 만족시킨 영혼,
그의 모든 욕망이 여기서(일상/현상) 내려앉네.

현상을 움직이는 기본 원동력은 욕망이다. 흔히 욕망을 부정적으로 인식하지만, 욕구로 바꿔본다면 덜 부담스러울까? 동양 사상에서 우주의 원동력은 음陰과 양陽인데, 이것은 결국 욕구를 의미한다. 고정되고 정체된 것이 아닌, 변화를 향해 달려가는 힘이 욕구이다. 인류의 종교 역사에서 욕망은 '주홍글씨'로 쓰여 있었다. 그러나 욕망은 무죄이다. 그는 억울한 누명을 쓰고 있었다. 진범은 '나'라는 울타리에 인간을 가두는 '자기 원심력/중심력'이다. 어느 한 순간도 욕구하지 않고 인간의 삶이 가능하다고 말할 수 있는 사람이 있는가? 있다면 그것은 인간 현상 자체를 거부하는 것이다. 이런 자기기만을 종교는 수천 년 간 행해 오고 있다.

욕망으로 다시 생명이 시작되는 것은 맞다. 그러나 여기에 어떤 잘못된 것이 있는가? 새 생명이 태어나는 것이 무엇이 잘못되었는가? 왜 생명을 저주하나? 왜 세상을 혐오하나? 세상을 버리고 피안彼岸으로 도망가는 것이 영적 성숙은 아니다. 세상을 버리는 것이 영적 공부가 아니라, 세상에 있으며 그 안에서 자유로울 수 있는 여유로움이 성장이다. 새로 태어나기가 두려운 자는 다시 자신을 점검해 보아야 할 것이다. 두려워하고 있는 것이 무엇인가? 세상의 고통이 그저 싫은가? 그렇다면 그는 아직 유아기를 벗어나지 못한 것이다. 진정한 성인成人/聖人은 고통을 두려워하지 않고, 성장의 기회로 이용하는 자이다.

일어나는 모든 욕망을 충족시키자는 것은 아니다. 욕망을 놓아두며, 욕망을 관찰하며, 욕망의 구조를 이해해야 한다. 엄밀히 보면 욕망이 작동하는 구조엔 문제가 없다. 문제를 야기하는 것은 '자기 원심력/중심력'이 개입할 때이다. 이것이 타인과 환경에 상처와 슬픔을 준다. 모든 욕구의 움직임엔 소외되는 영역이 있기 마련이다. 방향성이라는 것 자체가 음/양을 만들기 때문이다. 그래서 우리가 해야 할 것은, 이 움직임을 허용하며, 동시에 움직임에서 물러나 있는 위치를 확보하는 것이다. 욕망이 성장할 기회를 주어야 한다. 처음부터 통제만 하려 한다면, 욕망은 영원히 유아기를 벗어나지 못한다.

기다려라. 욕망이 성장하기까지.

그러면 욕망은 스스로 충족의 지점을 찾는다. 욕망이 사라지는 것이 아니라, 성숙해지는 것이다. 우리가 지향하는 것은 현상에서 자유로움을 얻고자 하는 것이지, 현상을 떠나고자 하는 것이 아니다. 세상의 아이러니는 현상을 떠나고자 몸부림칠수록 현상에 더 빨려 들어간다는 것이다. 욕망이 스스로 자유로움의 길을 가도록 기회를 주자.

52

요즘 삐후가 말을 제법 알아듣는다. 편리한 점이 생기긴 했으나, 의사 표현이 강해 애를 먹을 때도 있다. 하지만 아빠(니띤)의 한 방이 해결을 본다.

오늘 그녀는 지니의 방에서 물건 찾기 놀이를 하고 있다. 침대 시트로 잠시 삐후를 덮어 놓은 뒤, 삐후가 좋아하는 물건을 숨겨 놓고(사실은 눈에 다 보인다), 시트를 걷어주며 찾게 하는 놀이이다.

삐후는 이 놀이를 무척 좋아한다. 그녀의 호기심과 상상력을 자극하는 듯하다.

그런데 요즘,

삐후의 눈을 들여다보면, 언제나 분주하다. 뇌 속에서 이미지가 끊임없이 흘러가기 때문이리라.

그러나 오래 전, 생후 3~4개월까지 그녀의 눈빛을 지니는 잊을 수 없다. 새까맣고 움직임이 없던 흑진주 같은 그 빛깔을…….

움직임이 없는 눈빛은 너무 깊었다. 그 자그마한 단추 구멍을 통해 수 십 km를 달려갈 수 있을 것만 같았다.

그 너머엔 앨리스의 이상한 나라가 있을지 누가 알까?

그 당시 삐후는 온전히 세상에 있지 않았고, 하루의 많은 시간을 동굴의 나라에서 보냈다. 겨우 세상을 접하는 시간에도 그녀는 저 동굴 깊은 곳에 앉아, 입구에 비치는 둥근 스크린을 그저 지켜볼 뿐이었다.

그러던 어느 날,

그녀는 동굴 속에 앉아 있는 자신을 발견한다. 그리고 그 둥근 스크린 안에 무엇이 있음을 알게 된다. 한 발짝 한 발짝 스크린에 다가간 그녀는 고개를 빠끔히 뽑아 올려 세상을 들여다본다.

그 날 이후,

그녀는 자신이 앉아 있던 드넓은 동굴을 잊어버렸고, 오늘 지니의 방을 휘젓고 다닌다.

그녀는 동굴 안에서 세상 밖으로 나온 것이 아니라, 동굴에서 세상이라는 구멍 속에 빠져버렸는지도 모른다.

광활한 그 배경을 등 뒤로, 까만 단추 구멍을 통해 둥근 스크린의 주인공이 되었다.

삐후는 그렇게 점점 여배우가 되어 가고,

지니는 동굴에 있던 삐후를 그리워한다.

〈 문다까 Ⅲ.2.8 〉

Just as the flowing rivers disappear in the ocean casting off name and shape,
even so the knower, freed from name and shape, attains to the divine person,
higher than the high.

흐르던 강들이 바다에서 이름과 형태를 던져버리고 사라지듯,
이름과 형태에서 자유로운 현자는 신성에 도달하네,
높은 것보다 더 높은.

현상이 인간의 인식에 들어오는 것은 '이름과 형태(nāma-rūpa)'를 통해서이다. 이름과 형태라는 필터를 통하지 않고는 현상은 그저 배경의 바다에 잠겨 있다. 세상에 있으나 인간의 인식엔 존재하지 않는다. 물리학에서 관찰이 이루어지기 전 모든 현상이 가능성으로만 존재하듯, 이름과 형태가 현상에게 좌표를 지정해 준다. 세상은 잠재성이 모니터에 포착되는 이미지이다. 메모리에 있던 데이터가 모니터에 구현된다. 이름과 형태는 인간이 세상을 읽는 모드mode이다. 우리는 유아기에 이 모드를 학습하고, 그 이후 이것 없이는 세상을 인식하는 능력을 대부분 상실한다. 인간에겐 이름과 형태가 곧 세상이 되었다.

인식엔 두 가지 방식이 있다. 마음이라는 필터를 통하는 것과 직접적인 인식이 있다. 마음을 통해서는 언어적 개념과 감성적 이미지, 그리고 미세한 변화들이 감지된다. 이것의 특성은 항상 판단이 개입하고 그 주체인 '나'가 있다는 것이다. 이 '나'를 통해 인간은 정치성을 가진다. 울타리가 형성되고, 상호간의 교류와 이해관계, 그리고 책임과 의무가 발생한다. 항상 그런 것은 아니지만, 이것은 굉장히 아름다운 놀이이다. 마음을 통해 세상이란 스크린은 활력을 찾는다. 드라마가 시작되는 것이다. 한편, 직접적 인식엔 판단이 개입하지 않는다. 주체가 없고 울타리가 없고 정치성이 없다. 그저 있음을 안다.

어느 시점부터인가 우리는 이 직접적 인식을 놓치고 있다. 명상의 일차적 과제는 마음을 통한 인식과 직접적 인식을 함께 가지는 것이다. 이것은 그 둘이 서로 다른 것임을 앎으로써 시작된다. 마음을 죽여버린 코마coma 상태가 명상이 아니다. 특이한 이미지를 인식하는 것이 명상이 아니다. 황홀한 감각적 도취가 명상이 아니다. 미세한 감각을 통해 오감 이외의 현상을 감지하는 감각의 확장이 명상이 아니다. 이런 모든 현상들이 실제로 발생하고 있으며, 우리는 이것에 익숙해질 필요가 있다. 그러나 이것이 명상은 아니다. 명상은 더 예민하고 정교해진 마음의 인식과 함께 직접적 인식을 일깨우는 것이다. 두 가지의 인식과 배경이 함께함이 명상이다. 이것은 종착이 아닌, 시작이다.

만두끼야 우파니샤드

53

디왈리Diwali 축제 이후, 빠룰은 안마당에서 더 이상 지니의 시선을 피하지 않는다. 휴일인 오늘 빠룰이 스쿠터의 시동을 걸고 있다.

청바지에 긴 소매 자켓, 스카프로 머리와 얼굴을 모두 가렸고, 선글라스로 마무리를 했다. 이곳에선 여자들이 스쿠터를 많이 타는데, 강한 자외선을 피하기 위해 이런 복장이 일반화되어 있다.

그런데… 시동이 걸리지 않는다.

요즘은 겨울이라 종종 이런 일이 있다.

창문으로 상황을 판단한 지니가 안마당으로 들어선다.

지니: 문제가 있군요.

빠룰: 예, 날씨가 추워서인지…….

지니가 몇 차례 페달을 밟자, 부릉부릉~~

지니: 혼자 어디 가요?

빠룰: 어머니 심부름으로 시내에 잠시요.

그녀의 표정을 볼 수는 없지만, 약간 상기된 목소리다.

지니: 데라둔 학교 생활은 어때요?

빠룰: 바쁘긴 하지만, 이제 한 학기면 졸업이라 그걸 위안 삼아요.

지니: 학생 신분은 언제나 고달프죠.

빠룰: 지니도 그래요? 수업이 없잖아요?

지니: 최종 마무리까진 긴장을 놓을 수 없죠.

몇 마디 짧은 대화지만, 빠룰의 목소리는 이미 안정을 찾고 있다. 엔진은 계속 붕붕대지만, 그녀는 갈 곳을 잊고 구름 위를 떠돈다. 이미 시내까지 반은 갔을 시간이지만, 겨우내 얼었던 물이 녹은 듯, 엔진 음을 배경으로 둘의 얘기는 마냥 흐른다.

정신을 잠시 가다듬은 지니가 대문을 열어 주고, 그녀는 엔진 음을 뒤로 하며, 저 멀리 대로 위로 아물아물 멀어져 간다.

저 아물거림이 꿈인지 현실인지 지니의 의식은 이미 분별을 잃었다.

그저 아련함이 피어오르고, 저며오는 가슴이 있다.

〈 만두끼야 7 〉

(Turīya is) not that which cognizes the internal (objects),
not that which cognizes the external (objects),
not what cognizes both of them, not a mass of cognition,
not cognitive, not non-cognitive.
(It is) unseen, incapable of being spoken of, ungraspable,
without any distinctive marks, unthinkable, unnameable,
the essence of the knowledge of the one self,
that into which the world is resolved, the peaceful,
the benign, the non-dual,
such, they think, is the fourth quarter.
He is the self; He is to be known.

내부나 외부 대상을 인식하는 것이 아니고,
그 둘을 인식하는 것도 아니고, 인식의 덩어리도 아니며,
인식이 있는 것도, 없는 것도 아니고,
보여지지 않고, 언급될 수 없고, 잡히지 않고,
구분되지 않으며, 생각될 수 없고, 이름 붙일 수 없고,
하나에 대한 지식의 본질이며,
그 안으로 세상이 녹아들고, 평화롭고, 자비롭고, 둘이 아니니,
그들이 이렇게 생각하는 네 번째가 '뚜리야'로 알려져야 하네.

이것이 배경이다. 판단하지 않는 인식이 근원적 인식이다. 그래서 이것은 인식이 아닐 수 있다. 뭐라고 하든, 모든 것이 그 위에서 노닌다. 두려움도 미움도 슬픔도, 하늘과 들판마저…….

찬도기아 우파니샤드

54

사르마의 건물 안으로 들어오는 방법은 세 가지, 안마당 대문과 지니 방 앞을 지나는 복도, 세입자들이 오토바이를 들여 놓는 쪽문이다.

저녁 9시 반이면 문이 잠기고 아침 6시에 열린다.

'꽝꽝… 꽝꽝…… 꽝꽝…………'

새벽 4시경, 이 소리에 지니는 잠을 깬다.

며칠 전부터 위층 방에 머물고 있는 근처 아쉬람 손님 스와미(힌두 수도승에 대한 존칭)이다. 지난 밤, 아쉬람에서 늦게 돌아온 스와미는 문이 잠겨 들어오지 못하고 아쉬람으로 돌아갔다가, 이렇게 문을 두드리게 된 것이다.

스와미: 미안해요. 사정이 그리 되어서…..

지니: 괜찮아요. 저도 곧 일어날 시간이었어요.

가끔씩 이런 일이 일어난다. 샤르마 건물에 바깥 상가를 제외하고, 건물 1, 2층에 방이 11개이다. 몇 개씩 빈 방도 있지만, 한 방이 한 세대이다.

지니도 이사 온 첫 해, 학교에서 축제가 있어 늦게 귀가하다 곤욕을 치른 적이 있다.

새벽의 상황을 방안에서 모두 도청한 따누가 낮에 지니에게 의견을 낸다.

따누: 세입자들이 모두 불편해 하고 있는 일이에요.
지니가 대표로 샤르마에게 건의하세요. 좀 자유롭게 다니자고…

지니: 제가요??? 전 외국인이고… 이런 일엔 당신들이…….

따누: 그러니까 지니뿐이에요. 잘 아시잖아요. 샤르마를…….
누가 감히 샤르마에게 건의를 해요. 우리 같은 세입자들이…….

지니: 저더러 지금 고양이 목에 방울을 달라는 거예요?

따누: 지니는 의로운 사람이잖아요? 호호호~~.

지니는 따누의 술수에 걸려들었고, 저녁에 샤르마를 찾아간다.

지니: …… 오늘 이런 일이 있었고, 모두들 힘들어 하는 것 같아요.

어찌… 해결책을 생각해 보면 어떨까요?

샤르마: 문이 있는 이유는 모두의 안전을 위한 것이고,

세입자들에게 좋지 않은 일이 일어나면, 내게도 책임이 있어요.

지니: 각자 자기들 문단속을 하잖아요. 굳이…….

샤르마: 지니는 외국인이라 잘 모르지만, 매일 신문과 소문에 위험한 사건들이 줄줄이 나와요.

밤이면 결코 안전한 세상이 아니죠.

건의는 묵살되었고, 샤르마의 높은 벽만 다시 확인한다.
샤르마에게 문이란 '화합'이 아닌, 자신의 성을 지키는 '방어'의 문이다.

〈 찬도기아 II.24.4 〉

Open the door of this world,
that we may see thee for the obtaining of the sovereignty.

세상의 문을 열라,
주권을 얻는 그대를 볼 수 있도록.

세상엔 하나의 문이 있다. 이것은 현상과 배경을 이어주는 문

이며, 모든 종교가, 철학이, 문학이, 예술이 찾아 헤매던 그 문이다. 당연히 이것은 현상의 끝 가장자리에 있다. 그렇다고 과거 신대륙이나 지구의 끝을 찾아 항해하던 이들처럼 특정 공간을 생각하는 이는 없을 것이다. 이 문은 모든 현상의 이면에, 현상이 시작되어 올라오는 저 깊은 현상의 뿌리 끝에 위치하며, 현상이 뻗어나가다 더 갈 곳을 잃고 스스로 와해되는 그곳에 놓여 있다. 이것은 마음이 숨을 멈추고 더 이상 움직이지 않을 때 홀연히 나타나는 무지개이며, 희망이 고갈되어 시야가 쩍쩍 갈라질 때 불현듯 날아올라 저 멀리 사라지는 파랑새이다.

이것은 여태껏 회자되어 오던, '천국의 문'이나 '깨달음의 문'이 아니다. 이 전통적 문들은 근본적으로 '종결'이나 '완성'을 상정한 '돌아올 수 없는 문'이다. 대부분의 종교와 철학이 세상을 '고통의 바다'로 단정 짓고, 무상하며 하잘것없고 더러우며 버려져야 할 하나의 짐으로 여겼다. 그리고 그들은 자신들이 상상한 문을 통해 모든 문제를 말끔히 해결하고 탈출하기를 원했다. 그 문은 '고통국國'의 여권을 버리고 '기쁨국國'의 여권을 취득해 입국심사대를 유유히 통과하는, 그래서 결코 되돌아 나오기 싫은 망각의 문이기도 했다.

현상과 배경 사이에 있는 문은 수 없이 드나들어야 할 '화합의 문'이다. 이것은 부단한 오고 감을 통해 두 영역을 하나로 통합하는 통로이다. 이 문은 '차단'이 아닌, '열어놓음'이 그 본질이다.

우리는 이 문을 수시로 오가며, 현상과 배경을 함께 볼 수 있어야 한다. 현상에만 갇혀 있을 때 현상은 고통이 된다. 현상은 업신여길 것도, 더러워 버려져야 할 것도 아니다. 현상은 배경의 유희이다. 대부분의 고대 신화들은 태초에 현상은 '보기 좋았다'라고 한다. 인간이 현상에 갇힘으로써 현상은 고통이 되었다. 현상은 배경 속으로 해방되어야 한다. 감옥을 나와 배경 위를 훨훨 날아다녀야 하고, 배경과 하나됨으로써 주권을 가지고 자신의 명예를 회복해야 한다. 이 문은 현상을 종식시키는 문이 아니라, 현상이 다시 태어나는 문이다.

55

이곳은 신분의식이 뚜렷하다. 이들의 삶을 들여다보면, 일상의 모든 움직임이 신분의식을 근간으로 움직이고 있다. 사람을 가두는 하나의 감옥이지만, 불필요한 잡음을 미연에 방지하는 질서를 부여하기도 한다.

작열하던 해가 기운을 소진해 갈 즈음, 지니는 나른한 몸을 풀기 위해 옥상으로 올라간다. 쉬바가 옥상 한쪽 귀퉁이에서 건너편 빈터를 내려다보고 있다.

지니: 오늘은 과외수업 없니?

쉬바: 예, 오늘 수학 과외 선생님이 다른 급한 일이 있어서요.

보통 이 때면 쉬바를 비롯한 여유 있는 집 아이들이 과외수업을 하는 시간이다. 특히 쉬바처럼 고학년이 될수록 이곳 학생들도 바빠진다.

지니: 어~~, 아이들이 크리켓을 하네,

쉬바, 너도 가서 한 자리 끼지 그래!

쉬바: 음··· 저 애들과 놀면 안 돼요.

지니: 대부분 너 또래인데?

쉬바: 카스트가······

쉬바와 같이 놀 수 있는 아이들은 오늘 대부분 한가하지 않아, 그는 혼자 옥상을 서성이고 있다.

저녁에 산지브가 지니 방에 놀러 왔다.

지니: 너희들은 신분이 그리 중요하니?

산지브: 중요한 것이라기보다, 하나의 질서이지!

지니: 질서라······? 평등함이 질서의 시작이 아닐까?

산지브: 그것은 너희 외국인들의 생각이고·······.

지니!! 자연 세계가 평등하다고 생각하니?

지니: 그건······ 음··· 아니지.

산지브: 인간도 자연의 일부이고, 그 법칙을 따르지.

사람도 자신의 역할에 맞는 삶이 있어.

지니: 그 역할이란 각자의 능력과 선택에 의해 결정되어야 하는 것 아니니?

산지브: 삶에서 우리의 의지로 결정할 수 있는 것이 얼마나 되지?

삶의 대부분의 상황은 이미 결정되어 있어.

신분도 그중 하나일 뿐이지.

그렇게 인간의 보편성을 많이 논하던 산지브, 그러나 한 명의 브라흐민Brahmin인 그의 입에서 나오는 말이 이러하니, 다른 브라흐민과 이 문제를 논하고 싶지 않아진다.
신분은 외부인들에겐 잘 보이지 않으나, 그들 내부인들에겐 너무나 분명한 사회적 막이다.
수천 년 동안 그들은 그 속에서 살았고, 그래서 너무 당연한, 그 막은 그들을 가두는 단단한 껍질이 되었다.

〈 찬도기아 Ⅲ.12.7-9 〉

Verily, what is called Brahman,
that is what the space outside of a person is.
Verily, what the space outside of a person is.

브라흐만은 인간 밖의 영역이네.

That is what the space within a person is.
Verily, what the space within a person is.

브라흐만은 인간 안의 영역이네.

That is the same as what the space here within the heart is.
That is the full, the non-active.
He who knows thus, obtains full and non-active

prosperity.

그것은 심장 안의 공간과 같으며,

충만하고 움직임이 없네.

이것을 아는 자, 충만하고 변치 않는 번영을 얻네.

안과 밖이 어느 쪽을 가리키든, 브라흐만Brahman이 두 영역 모두라는 것은 브라흐만이 현상이며 동시에 배경이라는 의미이다. 인간의 마음이 현상에 갇힘으로써 안과 밖의 분열이 생겼다. 우리 또한 현상인 동시에 배경이어야 한다. 이 이중성이 인간의 심연이 담고 있는 공간이며, 충만하여 변화를 멈춘다. 인간이 현상으로만 있을 때 현상은 끊임없는 변화이지만, 인간이 배경에 녹아들 때 현상은 여전히 있으나 변화는 더 이상 변화로 인식되지 않는다. 현상이 사라지는 것이 아니라, 현상을 인지하는 인간의 마음이 멈추기 때문이다.

우리는 어떻게 안과 밖, 즉 배경과 현상을 모두 담을 수 있나? 이것은 안이든 밖이든 현상이 자신의 끝을 보고 스스로 와해되어야 한다. 우리는 투명하고 미세한 막에 갇혀 있는 것과 너무나 유사하다. 보이고 들리며 자유자재로 움직일 수 있으나, 결코 외부세계는 직접 만져지지 않는다. 아사하기 직전이나 모니터의 진수성찬을 바라보고만 있다. 발이 얼어오는 북극에서 하와이의 해변을 상상만 하고 있다. 가까이 있는 듯하나, 너무 먼 곳에 있다.

현상이 움직이는 속도에 휘말려서는 안 된다. 현상과 거리를 두고 그것과 다른 속도에 있는 위치를 우선 확보해야 한다. 그리고 현상을 그저 바라본다. 지속적인 바라봄은 보는 자의 속도를 줄인다. 그리고 현상은 달려가나 보는 자는 제 자리에 있다. 원심 분리기에 액체를 넣고 돌리면 포함되어 있던 입자들이 서로 분리되는 것과 같다. 삶은 계란을 찬 물에 넣었다 껍질을 까면 흰자를 덮고 있는 막이 쉽게 분리되는 것과 같다. 이 때야 비로소 우리는 우리를 감싸던 그 알 수 없던 질긴 투명 막을 뚫을 수 있다.

세상이 바뀌는 것이 아니다. 자신이 바뀌는 것이 아니다. 그 사이에 있던 막이 사라질 뿐이다. 브라흐만을 대단한 무엇으로 오해할 일이 아니다. 거룩하고 위대한 것은 어디에도 없다. 단지 그렇게 인지하는 마음이라는 착각의 막이 있을 뿐이다. 현상을 저주할 일은 아니다. 세상을 오물로 볼 일은 아니다.

56

어제는 따누의 남동생 아부쉑의 아들이 두 번째 생일을 맞았다. 아부쉑은 샤르마의 동네에서 10킬로미터 정도 떨어진 마을에 살며, 시장에서 분식집을 운영한다. 어려운 살림에도 많은 사람을 초대하고 저녁을 함께 했고, 생일 케익은 따누의 남편 니띤이 준비했다.

저녁 식사 후, 화기애애한 분위기라 무르익어가던 시각, 사건이 터졌다.

심상찮은 얼굴의 니띤이 방에 들어오더니, 따누와 아기들과 지니를 몰아, 릭샤에 태우고 집으로 돌아왔다.

황당한 상황이었으나, 지니는 아무런 영문도 모르고 끌려왔고, 니띤과 따누는 돌아오는 릭샤 안에서도 계속 옥신각신하였다.

오전에 따누가 지니 방으로 건너온다.

따누: 어제는 정말 미안했어요.

지니: 다른 것보다, 전 그 이유가 궁금해요.

따누: 니띤이 제 동서와 농담을 주고받다, 도가 좀 지나쳤나 봐요.

지니: 두 사람, 아주 친한 것 같던데…….

따누: 그게… 그 애(동서)가 말을 함부로 하는 편이거든요. 어제는 니띤의 자존심을…….

지니도 니띤 성격 아시잖아요.

가까운 가족들인데도…… 참 쉽지 않아요.

지니는 요즘 자신의 관심사와도 무관하지 않은 주제를 꺼낸다.

지니: 따누도 가정을 꾸려보니…… 무엇이 가장 중요한 것 같아요?

따누: 많은 것이 필요하지만…… 서로에 대한 배려가 아닐까 해요.

너무 가까워서 오히려 서로에게 상처를 줘요.

그리고, 더 심한 건 상처를 주었다는 사실조차 모른다는 거지요.

지니: 그래서 치유할 기회조차 잃어버리는…….

따누: 지니는 어떻게 그렇게 잘 알아요? 꼭 유부남처럼…… 호호호~~.

지니: 배려가 중요한 건 너무 당연하지만…… 우리는 많은 실수를 하잖아요?

그래서, 이 상처를 치유할 장치를 마련하는 것도 의미 있는 것 같아요.

따누: 어떤……?

지니: 서로에게 솔직한 거예요.

상처를 꺼내고, 어루만져줄 시간이 필요하지요.
이 치유의 시간은 그 상처의 맥락을 이해하게 해 주죠.
사건의 전체적인 배경을 알게 되면 많은 오해가 풀리고, 상대에 대한 연민도 생겨나요.

따누: 지니! 이제 결혼해도 되겠어요. 호호호~~.

〈 찬도기아 V.1.6-12 〉

Now the (five) senses disputed among themselves
as to who superior saying
(in turn) 'I am superior.' 'I am superior.'

감각들이 서로 '내가 최고다' '내가 최고다'라며 다투었다.

Those senses went to Prajā-pati, (their) father and said,
'Venerable sir, who is the best of us?'
He said to them,
'He on whose departing the body looks the worst,
he is the best among you.'

그들은 자신들의 아버지, 쁘라자빠띠에게 가서 물었다.
'우리 중 누가 최고입니까?'
그는 답하길,

'너희 중 몸을 떠날 때, 가장 곤란을 일으키는 자가 최고다.'

Speech departed and having stayed away
for a year returned and said,
'How have you been able to live without me?'
(They relied) 'Like the dumb not speaking,
but breathing with the breath, seeing with the eye,
hearing with the ear, thinking with the mind.
Thus (we lived).' Speech entered in.

목소리가 몸을 떠나 일년을 머물다 돌아와서 물었다.
'나 없이 어떻게 지냈소?'
그들이 답하길, '벙어리처럼 말은 못했으나,
숨쉬고 보고 듣고 생각하며 그렇게 우리는 지냈소.'
목소리는 몸으로 들어왔다.

The eye departed and having stayed away
for a year returned and said,
'How have you been able to live without me?'
(They replied) 'like the blind not seeing
but breathing with the breath,
speaking with speech (the tongue),
hearing with the ear, thinking with the mind.

Thus (we lived).' The eye entered in.

눈이 몸을 떠나 일년을 머물다 돌아와서 물었다.
'나 없이 어떻게 지냈소?'
그들이 답하길, '장님처럼 앞을 보진 못했으나,
숨쉬고 말하고 듣고 생각하며 그렇게 지냈소.'
눈은 몸으로 들어왔다.

The ear departed and having stayed away
for a year returned and said,
'How have you been able to live without me?'
(They replied) 'like the deaf not hearing,
but breathing with the breath,
speaking with speech (the tongue),
seeing with the eye and thinking with the mind.
Thus (we lived).' The ear entered in.

귀가 몸을 떠나 일년을 머물다 돌아와서 물었다.
'나 없이 어떻게 지냈소?'
그들이 답하길, '귀머거리처럼 듣진 못했으나,
숨쉬고 말하고 보고 생각하며 그렇게 지냈소.'
귀는 몸으로 들어왔다.

The mind departed and having stayed away
for a year returned and said,
'How have you been able to live without me?'
(They replied) 'Like the children mindless
but breathing with the breath,
speaking with speech (the tongue),
seeing with the eye, hearing with the ear.
Thus (we lived).' The mind entered in.

마음이 몸을 떠나 일년을 머물다 돌아와서 물었다.
'나 없이 어떻게 지냈소?'
그들이 답하길, '아이처럼 생각은 없었으나,
숨쉬고 말하고 보고 들으며 그렇게 지냈소.'
마음은 몸으로 들어왔다.

Now when breath was about to depart,
tearing up the other senses,
even as a spirited horse,
about to start might tear up the pegs to which he is tethered,
they gathered round him and said,
'Revered Sir, remain, you are the best of us, do not

depart.'

기운찬 말馬이 자신을 구속하던 말뚝을 뽑아버리듯,
숨이 다른 감각들을 뿌리째 뽑아내며 막 떠나려고 하자,
모든 감각이 숨을 둘러싸고 말하길,
'그대여, 머물러주오, 그대는 우리들 중 최고이니, 떠나지 마오.'

경구가 한가로이 서로 힘 자랑을 시킨 것은 아니다. 모든 현상엔 그것을 지탱하는 기본적인 요인이 있다는 것이다. 그리고 모든 현상은 배경을 바탕으로 성립된다. 현상을 이해하기 위해 우리는 배경이 필요하다. 그렇지 않으면 우리는 끊임없는 현상의 소용돌이에 휩쓸려 혼미할 것이다. 배경을 봄으로써 우리는 현상의 시작과 끝을 알게 된다. 이것이 그 모든 역경을 넘어 배경을 건드리려는 이유이다.

57

얼마 전 결혼한 사비따의 남동생 내외가 처음으로 함께 누나 집을 방문하는 날이다. 사비따는 저녁에 큰 파티를 생각하고, 지니를 초대하고 싶다. 그런데……

사비따: 저녁에 지니를 초대하면 어떨까요?

샤르마: 아니, 왜? 가족 모임인데, 지니가 올 이유가 없잖아.

사비따: 벌써 3년째 우리랑 같이 살고, 일반 세입자도 아니잖아요? 고향을 떠난 지 오래되고… 가족이 그리울 때도 있을 텐데… 우리가…….

샤르마: 그건 알지만, 난 가족 모임에, 특히나 외국인이 들어오는 거 마음에 안 들어.
그들은 카스트도 없는…….

사비따는 어떻게든 샤르마를 설득해야 하는데 쉽지가 않다.

빠룰: 그것은 당연하죠. 우리와 문화가 다르니…….
또한 그것은 지니에게 잘못이나 책임이 있는 것은 아니잖

아요?

아빠! 이제 세상은 많이 달라요.

옆에서 듣고 있던 빠룰이 엄마가 궁지에 몰리자, 더 이상 가만히 있을 수 없었다.

사비따: 지니는 우리와 어울려도 남들에게 흠이 되지 않아요.
마을 사람들의 평판이 좋고, 당신도 우리 학교 행사에 항상 그를 초대하면서…….
그것은 왜 그래요?
샤르마: 뭐… 그건…… 바깥일과 집안일은 다르지…….
사비따: 그는 곧 박사가 될 사람이에요, 그것이면 충분하죠.
그를 초대하도록 합시다.

사비따는 그녀의 남편을 잘 알고 있다. 그가 명예를 소중히 한다는 것을.

샤르마: 그럼… 그렇게 해요. 애들도 모두 그러고 싶은 것 같은데…….

생각해 보니 샤르마도 자신이 너무 한 것 같은지, 결국 허락을 한다.
빠룰은 한 발짝 한 발짝 아버지를 공략하고 있다. 많은 구원병을 거느리며…….

〈 찬도기아 VI.1.5 〉

Just as, my dear, by one nugget of gold,
all that is made of gold becomes known,
the modification being only a name arising from speech,
while the truth is that it is just gold.

한 조각 금으로 인해 금으로 만든 모든 것이 알려지네,
그 변형물들은 단지 부르는 명칭일 뿐,
진리가 그렇듯, 그것은 단지 금이네.

세상엔 많은 생명체와 사회 조직, 그리고 무수한 무형의 시스템들이 있다. 그것이 하나의 물리적 입자이든 대형 빌딩이든 컴퓨터의 프로그램이든, 자체의 기본 구조를 가지고 있다. 이 구조를 바탕으로 형체와 기능들이 추가되고 최종적으로 하나의 '무엇'이 된다. 세상을 가장 효율적으로 이해하는 방법은 이 기본 구조를 우선적으로 파악하는 것이다. 그들의 움직임이나 기능들이 이 구조를 바탕으로 형성되어 있기 때문이다. 구조를 안다는 것은 그것의 방향성을 안다는 것이며, 이것이 왜 지금 그러한 상태로 있는지, 다음 순간 어떤 형태로 변화될지를 예측할 수 있게 한다.

사회 조직의 경우, 조직의 실제적 목표가 무엇이지, 누가 실질적 의사 결정권자인지를 파악해야 한다. 표면적 목표나 책임자는

의미가 없다. 한 개인의 경우, 그 사람을 가장 크게 움이지는 가치가 무엇인지를 알아야 한다. 돈인지, 명예인지, 성교인지, 개인적 신념인지. 그리고 그가 행위하는 패턴을 파악해야 한다. 결국, 움직이는 힘의 위치와 성격을 파악하고, 그 힘이 움직이는 길을 알게 되면, 미래 예측이 어느 정도 가능해진다. 세상이, 사람이 그렇게 복잡한 것만은 아니다. 세상의 모든 것은 나름의 질서를 가지는데, 이것은 개체의 '에너지 효율'을 높이는 장점을 가진다.

우리는 삶에 대한 많은 가르침을 가지고 있다. 현대엔 그 양이 너무 많아 사람들을 오히려 힘들게 한다. 그러나 이들 가르침에도 자체의 질서, 즉 기본 구조가 있다. 이 구조를 모르고 그 표현들에 휘둘리는 경우가 많은 듯하다. 가르침의 의도가 무엇인지, 의도하는 도착지가 어디인지, 어느 지점을 반드시 통과해야 하는가를 파악해야 혼란이 없다. 그러면 많은 가르침들이 상호 조화 속에서 빛을 발하고, 모순이 사라진다. 불필요한 내용들도 자연히 정리가 되고, 삶도 단순해지며, 많은 이들을 더 쉽게 포용할 수 있게 된다. 정보에 대한 다이어트가 필요하다.

58

둘이 존재하는 곳에,

하나가 다른 것을 보고, 하나가 다른 것을 냄새 맡고, 하나가 다른 것을 맛보고,

하나가 다른 것에 말을 걸고, 하나가 다른 것을 듣고, 하나가 다른 것을 생각하고,

하나가 다른 것에 닿고, 하나가 다른 것을 아네.

모든 것이 단지 그 자신이 될 때,

무엇에 의해 누구를 보고, 무엇에 의해 누구를 냄새 맡고, 무엇에 의해 누구를 맛보고,

무엇에 의해 누구에게 말을 걸고, 무엇에 의해 누구를 들으며, 무엇에 의해 누구를 생각하고,

무엇에 의해 누구에게 닿고, 무엇에 의해 누구를 아는가?

무엇에 의해 이 모든 것이 알려지는 그를 알 수 있는가?

그는 이것이 아니고, 이것이 아니네.

브리하드아란야까 우파니샤드: IV.5.15

〈 찬도기아 VI.2.1-2 〉

In the beginning, my dear, this was Being alone,
one only without a second.
Some people say
'in the beginning this was non-being alone,
one only without a second.
From that non-being, being was produced.'

태초에 홀로 존재하는 이것이 유일하였네.
어떤 이는 말하길
'태초에 홀로 존재하지 않는 이것이 유일했네.
그 비-존재로부터 존재가 나왔네.'

But how, indeed, my dear, could it be thus? said he,
how could being be produced from non-being?
On the contrary, my dear,
in the beginning this was being alone,
one only without a second.

그는 말하길, 그러나 어떻게 그것이 그럴 수 있나?

어떻게 존재가 비-존재로부터 나올 수 있나?

반대로, 태초에 홀로 존재하는 이것이 유일하였네.

인도 주류 철학의 기본적 전제 중 하나를 언급하고 있다. 그것은 '유有는 유有에서만 가능하다'는 것이다. 이를 바탕으로, 실체이든 환영이든 무엇이 있고, 이것은 유에서 왔으므로, 세상의 출발은 하나의 '있음'에서 왔다는 명제가 도출된다. 이것과 비교되는 것이 무無에서 유有가 나왔고, 세상은 아무것도 '없음'에서 시작했다는 명제이다. 역사적으로 힌두이즘과 불교의 논쟁에서, 하나의 '있음'은 힌두이즘의 특성으로, 아무것도 '없음'은 불교의 특성으로, 잘못된 고정관념이 굳어졌다. 표면적 언어의 논리만 보자면 이 둘은 서로 양립할 수 없다. 그러나 한 발짝 물러나 유와 무가 무엇인지, '하나'와 '다수'가 무엇인지를 고찰한다면, 둘이 꼭 대립해야 할 이유를 찾기 힘들어진다.

'있음'과 '없음', '하나'와 '다수'는 이원론적 차원에서만 가능한 것이다. 이원적 세계의 모든 개념은 서로 상반되는 개념을 바탕으로 성립한다. '있음'은 그저 있는 것이 아니라 '없음'의 한 극으로서만 가능하다. 이것과 저것에 대한 경계 지점이 없으면 어떻게 무엇을 규정할 수 있는가? '하나'와 '다수'도 마찬가지이다. 철학적으로 0과 1은 다른 것이 아니다. 모든 것이 하나여서 어떠한 구분도 있을 수 없다면 아무것도 없는 것과 같다. '하나'는 곧 '없음'이며 이것은 '0'이다. '다수'일 때 비로소 '있음'이 가능하다. '있음'은 자신 외의 무엇을 항상 달고 다녀야 가능하기 때문이다. 그것이 상반되는 개념이든 '있음'을 떠받치는 배경이 되었든. '있음'과 '없음'은 인간의 개념 안에 동시에 태어났다. 인간의 개념 밖에선 둘은 아무런 의미가 없다. 개념 안에선 끝없는 대립뿐이다.

59

따누의 둘째 딸 빠리가 아파 병원엘 같이 다녀왔다. 발육이 늦은 아이라 걱정이 많았으나 큰 일은 아니고, 단지 소화기관의 발달이 늦어 엄마의 젖이 충분히 몸으로 흡수되지 않을 뿐이란다. 따누는 돌아오는 릭샤 안에서 평소와 달리 그리 밝질 못하다. 아기 엄마로서 마음이 어떨까?

저녁에 과일을 한 접시 들고 지니는 따누의 방을 찾는다.

지니: 너무 걱정 말아요, 곧 좋아질 거예요.

따누: 뭔가 해야 될 것 같은데, 방법이 없어요…….

지니: 지금도 잘 하고 있어요. 누구보다.

음~ 그런데, 뭘 더 해보고 싶다면…….

사랑을 더 구체적으로 하세요.

따누: 구~~체적으로~~요?

지니: 예, 구체적으로.

젖을 먹일 때, 빠리에게 젖을 먹이는 것이 아니라, 따누 자신이 먹는다고 생각해요.

그리고 그 젖을 자신이 소화하고 있다고 여기세요.

따누: 무슨……?

지니: 우리의 모든 세포엔 각자의 의식이 있어요.

빠리의 세포도 엄마와 같은 의식에 속해 있었지요. 지금도 크게 다르지 않아요.

빠리의 소화기관이 따누 자신의 것이라 생각하고 젖을 먹여요.

그녀의 약한 소화력이 엄마의 힘을 빌려 촉진될 수가 있어요.

따누: 그런 게 정말 가능해요?

지니: 모든 물질은 서로 교감할 수 있도록 되어 있지요.

우리의 생각이 엄마와 아기를 나누어요.

언젠가는 뻬후처럼 빠리를 놓아 보내야 하지만,

아직 빠리에겐 그런 시점이 오지 않았어요.

빠리와 하나의 의식이 되세요.

사실, 그녀는 아직도 엄마의 뱃속에 있어야 할 시기예요.

따누: 빠리에게 더 마음을 열라는 뜻으로 들리네요.

지니: 간단히 말하면, 그런 거죠.

〈 찬도기아 VI.5.1-4 〉

From when eaten becomes threefold;
its coarsest portion becomes the feces;
its middle (portion) flesh and
its subtlest (portion) mind.

먹은 음식은 세 가지로 나뉘네;
가장 거친 것은 배설물이 되고;
중간 것은 살이 되며,
미세한 것은 마음이 되네.

Water when drunk becomes threefold;
its coarsest portion becomes the urine;
its middle (portion) the blood,
its subtlest (portion) the breath.

마신 물은 세 가지로 나뉘네;
거친 것은 소변이 되고;
중간 것은 피가 되며,
미세한 것은 숨이 되네.

Heat when eaten becomes threefold;
its coarsest portion becomes bone;

its middle (portion) marrow,
its subtlest (portion) speech.

먹은 열기는 세 가지로 나뉘네;
거친 것은 뼈가 되고;
중간 것은 골수가 되며,
미세한 것은 말(言)이 되네.

Thus, my dear,
mind consists of food,
breath consists of water and speech consists of heat.
'Please, Venerable Sir, instruct me still more.'
So be it, my dear, said he.

그래서 마음은 음식으로, 숨은 물로, 말은 열기로 되네.
'더 설명해 주세요.' '그러지.'

마음은, 생각은, 말言은 물질이다. 물질의 본질은 에너지이다. 에너지란 변화를 위한 힘을 뜻하며, 이것은 지속적인 움직임을 통해 물질을 구성한다. 그래서 변화하는 모든 것은 물질이다. 관찰의 기준과 표현의 특성으로 인해 이것 저것으로 나뉘어질 뿐이다. 인간의 배설물과 생각은 결국 같은 본질이다. 변화를 통해 에너지는 물질에 생명을 부여하는 것처럼 보인다. 엄밀히, 하나의 생명체가 있는 것이 아니라, 특정 주기와 변화의 영역을 가진 에너지의 패턴이 있고, 상호 간섭과 동화와 분열이 있다.

인간은 임의적으로 이런 패턴들에 경계선을 부여해 왔다. 분류와 체계화는 엄청난 편리를 제공한다. 그래서 인간은 늘 이름을 붙이고, 이것은 사회화의 시작이다. 태어나는 모든 인간은 이름과 고유 번호를 부여 받고, 공장에서 생산되는 모든 제품엔 바코드가 붙는다. 분류되지 않은 존재는 혼란을 가져온다. 이름은 사회에 안정과 질서를 가져오는 중요한 수단이었으나, 한 가지 중대한 문제를 야기했다. 인간이 분류되지 않은 세계에 스스로 눈을 감는다는 사실이 그것이다. 그리고 우리는 스스로를 특정 울타리 안에 가두어 놓았다. 안정과 편의를 위해.

세상은 각자 독립된 것이 아닌, 하나의 유기체적 변화이고, 하나의 에너지 덩어리이다. 인간은 전체성에 대한 감각을 점점 잃고, 개체성에 대한 감각만을 키워 왔다. '에덴 공원'에서의 추방은 일회적 사건이 아닌, 현재 진행형이다. 그러나 많은 이들이 '에덴'으로의 회귀를 진행시키고 있다. 우선적으로 하나의 에너지원에 대한 감각을 회복해야 한다. 그리고 그 에너지를 넘어, 에너지가 움직이는 바탕인 비-에너지, 곧 배경으로까지 그 감각을 확대해야 한다. 이것이 수천 년의 시간을 넘어 '더 설명되어야 할' 내용이다.

60

이곳 사람들은 시골 사람들이 그렇듯 일찍 잠자리에 든다. 샤르마네도 10시경이면 취침이고, 5시에 일어난다. 샤르마 부부는 참 부지런하다. 그러지 않아도 괜찮을 정도의 여유를 가지고 있음에도.

샤르마는 넓은 마당의 정원 구석구석 물을 주고, 수시로 가지치기도 한다.

'콩닥, 콩닥, 콩닥…………'

쁘리앙까가 대리석이 깔린 마당 도로 위에서 줄넘기를 하는 소리다. 그녀는 작년 주 미녀선발 대회 12명에 뽑혔었다. 한 달간 합숙 훈련과 각종 교육에도 참석했으나, 본선에서 상을 타지는 못했다. 그래도 항상 건강한 몸매를 유지하고 있다.

쉬바도 누나 옆에서 몸을 풀고 있다. 학교 크리켓 팀에 들어간 이후로 더 열심이다. 벌써 키가 보통 어른만하다. 3년 전만 해도 귀여운 꼬맹이였는데, 이젠 설익은 아저씨 냄새가 난다. 몇 차례의 고비를 넘기더니 요즘은 일상이 즐거운 모양이다.

로저도 다시 골목대장의 기백을 회복했다. 수시로 암컷들을 안마당에 데리고 들어온다. 아니면 그녀들이 따라 들어오는지 진실을 알 수는 없다. 지금 로저는 마당의 잔디에 몸을 뒤집어 등을 비비고 다시 일어나기를 반복한다. 나름 목욕을 하는 건지 가려운 데가 있는지 알 수 없다.

사비따는 벌써 아마 집에서 아침 우유를 큰 통에 받아 온다. 조금 있으면 아마가 작은 우유 통을 들고 지니의 방으로 향할 것이다.

빠룰은 보이지 않는다. 그녀는 데라둔에 있다. 경영학을 공부하는데, 크레믈린의 실세다운 선택이다. 매주 가족들과 주말을 보내는 것이 큰 즐거움이란다.

샤르마네의 하루 일과는 저녁 9시가 넘어, 샤르마가 온 집안의 문을 점검하고, '추러럭~~~' 자기 현관의 알루미늄 셔터 문을 내리면 하루 일과가 끝난다.

이들 가족의 공통점은 충분하고 건전한 잠을 잔다는 것이다. 대도시의 사람들보다 피로감이 덜한 것은 그 때문이리라. 그리고 이 마을 사람들의 생활 패턴은 샤르마네와 거의 유사하다.

〈 찬도기아 VI.8.1 〉

Then Uddālaka Āruṇi said to his son,
Śvetaketu, learn from me, my dear, the true nature of sleep.

When a person here sleeps, as it is called, then, my dear,
he has reached pure being.
He has gone to his own.
Therefore they say he sleeps for he has gone to his own.

우달라까 아루니가 그의 아들에게 말했다.
쉬웨따께뚜, 잠의 진정한 본성을 나로부터 배워라.
사람이 잠들 때 그는 순수한 존재에 닿고,
그의 근원에 가는 것이네.
그래서 사람들은 말하길,
그가 자신의 근원에 가기 위해 잠을 잔다고 하네.

잠은 아직도 인류에게 많은 비밀을 간직하고 있다. 만두끼야 우파니샤드(2-7)는 인간의 의식을 네 단계로 나누는데, 일상의 상태, 꿈, 깊은 잠, 뚜리야Turīya가 그것이다. 지금까지 우리가 아는 한도 내에서, 잠은 단순히 뇌세포와 비-자율신경의 휴식이 아닌, 더 많은 의미를 내포하고 있다. 동물들은 잠을 통해 신체적 상처를 회복하고, 정서적 치유를 받는 듯하다. 인간은 꿈의 상태를 지나 깊은 잠과 뚜리야에서 이미지의 활동을 상실한다. 우리가 아는 의식, 곧 마음의 활동이 정지한다. 깊은 잠의 상태에선 무의식이 작용할는지는 모르나, 뚜리야에선 그마저도 멈춘다고 한다. 정확히는 잠재된 그 마음의 정지를 뚜리야라고 칭한다. 뚜리야는 개별적 의식이 아닌, 우주의 배경의식이며, 모든 존재는 이 의식과 연결되어 있다. 이것은 인식이지만 대상을 분별하는 인식은 아니다.

잠을 잔다는 것은 이미지를 분별하는 의식을 놓고, 판단하지 않는 배경의식에 내려앉는 것이다. 그 의식의, 존재의 바닥에서 무엇이 일어나는지는 우리는 알지 못한다. 그러나 최소한 우리 인간은 그 바닥에 수시로 닿아야만 생존이 가능함을 알고 있다. 잠은 인간이 이 배경에 닿는 최소한의 안전장치이다. 그래서 인간은 누구나 잠을 잠으로써 자신을 보호한다. 그러나 인간은 이 본능적 안전장치를 벗어나 스스로 그 배경에 닿을 수 있다. 이것이 명상이다. 잠이 명상과 구분되는 점은, 잠에선 모든 마음의 작용을 놓아야 바닥인 배경에 닿을 수 있으나, 명상에선 마음의 작용과 함께 배경에 닿는다는 것이다. 명상은 약간의 기술을 필요로 한다. 이것은 집중과 물러남이라는 역설을 통한 의식의 전환이다. 이것은 훈련을 통해 가능하다. 가끔은 그 코드만 맞으면 저절로 일어나기도 한다. 요행을 바랄 일은 아니다. 그 요행은 일회적인 것이라, 결국은 훈련을 통해 숙달해야 할 과제이다. 잠은 비밀을 간직하고 있으며, 우리는 이것을 탐구할 기술을 가지고 있다.

61

지니의 마음이 갈피를 못 잡는다. 일이 도대체 어찌 되려고 이리 흘러가는지…….

쁘리양까: 저녁에 무슨 계획 있어요?

지니: 아뇨, 근데 왜……?

쁘리양까: 빠룰이 오면 나중에 시내에 같이 가요.

지니: 어~~~, 그게…… 그건 보통 일이 아니고…… 아버지가…….

쁘리양까: 호호호~~ 걱정 말아요. 우리가 다 알아서 할 테니, 갈 수 있는 거예요?

지니: 예, 그렇긴 한데…….

쁘리양까: 5시예요. 마당에.

쁘리양까는 명령하듯 툭, 메시지를 던지고, 엉덩이를 실룩대며 안마당으로 들어간다.

오늘은 토요일, 빠룰이 일찍 데라둔에서 온단다. 그래서 저녁 무렵에 셋이서 시내에 쇼핑을 가자는 것이다. 샤르마는 사비따랑

친척 집에 가서 내일 온다. 빠룰이 이런 기회를 놓칠 리 없다.
5시, 지니가 안마당을 서성대고 있자, 쁘리앙까와 빠룰이 나온다.
지니는 대문을 열고, 쁘리앙까는 차에 시동을 건다.
셋은 쇼핑몰의 입구부터 정밀 탐색이다. 딱히 정한 품목은 없는 듯하고, 시간에 쫓길 이유도 없다. 그런데, 여기저기를 오가는 두 아가씨의 눈길만큼이나 지니의 마음은 갈지자다.
지니는 현실적으로 빠룰의 마음을 받아 줄 수 있는 상황이 아니다. 그러면서 빠룰을 거부할 수 없다. 그녀 앞에선 중력이 사라지고 이성도 자취를 감춘다.

쁘리앙까: 이것 어때요?
지니: 음… 좋긴 한데…… 색이 조금 더 짙으면 차분한 느낌이 들 것 같아요.
빠룰: 내 말이 맞지, 언니? 지니도 나랑 같은 느낌이야.

옷을 몇 벌씩 산 아가씨들은 배가 고프단다.

지니: 저녁은 제가 쏠게요. 뭘 좋아하죠?
쁘리앙까: 강 쪽에 있는 좋은 곳을 알아요. 음식도 좋고 분위기가 멋지죠.

셋은 달빛과 부드러운 조명을 받으며, 그윽한 음식과 얘기로 몸과 마음의 욕구를 진정시키고 있다.

'그래, 오늘은 모든 걸 잊자. 나의 삶이 늘 이랬잖아. 언제 계획대로 살았어?'

지니는 스스로를 합리화하며 블랙홀의 힘에 자신을 맡겨버린다.

'그렇게 찾아다니던 행복이 아니던가?
여기에 지금 그 아름다움의 순간이 있다.
비록, 몇 시간이라지만,
이 순간은 내 삶의 모든 것을 채우고도 남아.
내일이 없어도,
다시 고통이 나를 짓밟아도,
이 순간 빠룰이 여기 있고,
그것이면 족해.'

〈 찬도기아 VI.8.2 〉

Just as a bird tied by a string, after flying in various directions
without finding a resting-place
elsewhere settles down (at last) at the place where it is bound,
so also the mind, my dear, after flying in various directions
without finding a resting-place

elsewhere settles down in breath,
for the mind, my dear, is bound to breath.

줄에 묶인 새가 쉴 곳을 찾아 여러 곳을 날아다닌 뒤,
묶여 있던 그곳에 내려앉듯,
마음 또한 쉴 곳을 발견하지 못하고 여러 곳을 날아다닌 뒤,
숨(息)에 내려앉네,
마음은 숨에 매여 있기 때문이네.

인도 문화권 안에서 숨(息)은 곧 생명(prāṇa)으로 이해되었다. 생명이란 변화를 주도하는 에너지의 원천이고, 마음은 이 에너지의 현란한 변화일 뿐이다. 마음이란 한 인간 안에서 시시각각 변화하는 광고 영상과 다를 바 없다. 단편적 메시지가 쉴 새 없이 지나간다. 개별 광고들은 상호 관련성이 없다. 인간의 마음도 특별히 주의를 기울이지 않고는 연관성 있는 메시지들을 지속하기 힘들다. 그래서 학습이나 연구, 창작 작업이 힘든 것이다. 새들은 음식을 찾든지 몸의 안전을 위해 이리저리 날아다니지만, 인간 마음의 요동은 무작위로 도무지 종잡을 수가 없다.

변화를 거부하거나 마음의 요동을 탓할 일은 아니다. 마음이 그런 변화에서 출발하기에 항상 분주한 것은 당연하고 자연스러운 것이다. 우리는 흔히 마음이 인간의 주인인 듯 착각하는 경우

가 많다. 그래서 자신과 타인의 마음을 바라보며 당혹스러워 한다. 줏대가 없고 갈대 같은 것이 마음의 속성이다. 이런 마음은 인간의 본질도 주인도 아니다. 마음은 단지 개별 인간이 생명을 유지하고 집단을 형성하여 문명을 이루는 데 도움을 주는 집사나 사무장과 같은 역할을 할 뿐이다. 마음에게 그 이상의 무엇을 기대한다는 것은 팔십이 넘은 노파에게서 출산을 기대하는 것과 같다.

마음에겐 자신의 직무에 대한 뚜렷한 인식이 있어야 한다. 마음이 월권을 하여, 한 인간에 대한 전권을 휘두른다면 모든 인간은 미치광이에 다름없다. 인간에겐 마음 외에 권한을 행사하는 다른 직무자가 있다. 그것은 몸이다. 몸은 마음이 시키는 대로 움직이는 부하 직원이 아니다. 몸은 마음의 쌍둥이 형제이다. 그들은 같은 곳에서 같이 태어났다. 그리고 이 두 형제를 감독하는 감독관이 있다. 그러나 이 감독관은 힘을 행사하지 않는다. 그는 두 형제를 그저 관찰한다. 두 형제가 이 감독관을 의식할 때, 그들은 월권을 자제하고 자신의 직무에 충실하게 된다. 인류의 슬픔은 마음이 이 감독관을 깊은 잠에 빠트려 버렸다는 것이다. 감독관이 다시 깨어날 때 권력엔 균형이 생기고 슬픔이 밀려날 것이다.

62

빠리가 잘 자라고 있다. 그러나 사실, 빠리가 특별히 건강해진 것은 아니다. 다만, 따누가 빠리에 대해 전보다 편안해진 듯하다.

지니: 아이구~~, 빠리가 이제 기어 다닐 줄도 아네요.

따누: 예, 재주가 많이 늘었어요.

11개월, 삐후는 그 나이에 이미 걸었다. 그러나, 따누는 그것에 개의치 않는다.

지니: 따누가 빠리와 더 가까워진 것 같아요.

따누: 예, 빠리에 대해 이제 걱정을 안 해요.
제가 걱정을 하면, 빠리가 즐겁지 않아요.
빠리는 그것을 알아요.

지니: 엄마와 아기는 한 몸이죠.

따누: 전에 지니가 해 준 말이 조금은 이해가 돼요.
제가 빠리랑 함께 자라고 있어요.
우리는 그저 그렇게 함께 있어요.

지니: 그 함께함이 행복이죠.

걱정은 그 순간들을 갉아 먹어요.

따누: 빠리와 함께할 수 있는 시간이 1년이든 10년이든 그것은 의미가 없어요.

저는 빠리를 통해 제 자신이 제 속에 갇혀 있지 않음을 알아 가요.

생명은 신비로워요. 뭔가가 점점 커져요.

따누는 학교 교육을 받지 않아서 그런지, 굉장히 직관적이고 느낌에 강하다. 이 점이 약점이 될 수도 있으나, 명석한 두뇌를 타고난 따누의 경우, 약점을 극복하고 그 장점이 두드러진다.

따누: 빠리는 저와 함께 있다, 언젠가 떠나겠죠.

아빠도, 할머니도, 엄마도 모두 떠났어요.

지니: 그것이 우리가 살아가는 방식이에요.

따누: 맞아요. 그런데, 그들이 단순히 떠나가지만은 않았어요.

뭔가를 남기고 갔고, 그것이 저를 진정한 엄마로 만들어 가요.

빠리는 이미 잠이 들었다. 어른들의 얘기 소리를 자장가 삼아.

〈 찬도기아 VI.9.1-2 〉

Just as, my dear,
the bees prepare honey by collecting the essences (juices) of different trees
and reducing them into one essence.

벌들이 여러 나무의 즙을 모아 하나의 즙으로 농축해 꿀을 만드네,

And as these (juices) possess no discrimination (so that they might say)
'I am the essence of this tree, I am the essence of that tree,'
even so, indeed, my dear, all these creatures though they reach Being
do not know that they have reached the Being.

이 즙들이 '나는 이 나무의 즙이요, 나는 저 나무의 즙이요'라는 분별이 없듯,
비록 모든 창조물이 근원-존재에 닿아도,
그들은 거기에 닿았다는 것조차 모르네.

마음의 가장 고질적인 문제는 '나'라는 개념에 스스로를 묶어 둔다는 것이다. 모든 종교와 철학적 문제는 이 '나'에 대한 해결이라는 과제로 귀결된다. 유일신을 인정하는 모든 신학은 창조자와 그 피조물인 인간과의 관계성을 설명하는 것이 전부이다. 인간이 가진 고통이나 부조화는 둘의 관계가 조화롭지 않기 때문인데, 이 조화를 회복하기 위해 많은 행위와 인간의 노력이 동원된다. 회복을 위한 핵심은 '나'에 어떤 변화가 발생해야 한다는 것이다. '나'를 넘어 보다 이타적이 되도록 요구 받는다. '나'의 울타리를 부수어 창조자가 그 안으로 들어오는 것을 허용하고, 그 창조자의 의도를 '나'라는 가상적 존재를 통해 세상에 실현시키는 것이 그 목표이다.

인간을 포함하는 '전체성'을 가진 철학들은 그 구조가 보다 단순하다. 이들은 창조자라는 매개를 사용하지 않는다. 이들에게 세상은 모두 동질이다. 단지 마음이라는 분별을 일으키는 필터가 세상을 나누어 놓았다. '나'라는 개념은 그 중 가장 말썽을 피우는 요소로, 전체성의 회복은 '나'의 개념에서 자유로워짐으로써 가능하다. 유일신 신학과 동일하게 여기서도 이 '나'의 울타리가 부수어지면 그들이 목표로 하던 전체성이 회복된다. 전체성은 대단하고 위대한 '무엇'이 아니다. 이것을 그 '무엇'이라 생각하기 시작하면 오히려 모든 것이 더 어려워진다. '절대자'니 '불성佛性'이니 이런 개념을 '전체성'에 덧씌울 일이 아니다. 전체성은 부분을 허용하지 않는, 그저 전체를 의미한다. '나'의 울타리가 허물어졌다고 해서 마음이나 세상이 사라지는 것은 아니다. 각각의 나무에서 나온 즙이 자신이 나온 나무를 주장하지 않고 하나의 꿀로 존재하듯이, '나'라는 울타리가 사라진 모든 마음들은 하나의 세상 속에서 유유히 존재한다. 그리고 하나 속에 있는 마음들은 더 이상 전체성을 생각하지 않는다. 전체성이 이미 실현되고 있는데 전체성을 갈구할 일이 없기 때문이다.

63

산지브가 결혼을 한다. 넉넉지 않은 살림에 결혼식은 이틀만 하기로 했단다. 물론, 신랑과 신부가 각자의 집에서 하는 뿌자예식(종교의식)은 이미 며칠 전부터 이루어졌다.

오전에 신랑 복장으로 화려하게 꾸민 산지브는 많은 신랑측 하객들을 모시고 뿌자 중이고, 지니는 열심히 사진을 찍는다.

점심을 먹은 하객들은 버스 두 대에 나누어 타고 신부측 마을로 향한다. 히마찰 주는 산이 많아 버스는 5시간을 달린 뒤에야 행사장에 도착한다.

행사장에 들어가기 전, 악사들과 신랑측 친구들은 춤을 추며 온 마을을 돌아 한껏 분위기를 고조시켰으나, 막상 신랑이 행사장에 진입하려 하자 장애가 많다. 신부측 친구들이 호락호락 허락을 않는다. 각 관문마다 통행세를 내라는 것이다. 밀고 당기는 실랑이와 흥정을 한 뒤, 신랑측은 겨우 신부의 얼굴을 볼 수 있다.

신랑 신부는 양가 어른들과 친지들을 모시고 본격적인 결혼예식에 들어갔고, 양쪽 친구들은 마당에 설치된 대형 스피커에서 울리는 음악에 맞춰 춤을 춘다. 여기 문화에서 젊은 남녀들이 공개적으로 같이 춤을 추며 놀 수 있는 기회는, 봄에 있는 홀리Holi 축제를 제외하곤 드물다.
밤 12시를 넘어서야 예식이 끝나고, 하객들은 늦은 저녁을 먹는다.
다음 날 아침, 신랑과 신부는 꽃단장을 한 승용차에 타고, 신랑측 하객들은 다시 버스를 타고 신랑의 집으로 돌아온다.
오후에 산지브의 집에 도착한 일행들은 약간 걱정이다. 저녁에 다시 이 마을 하객들을 모시고 잔치를 해야 되는데, 비가 부슬부슬 내리기 시작하더니, 급기야 빗방울이 굵어진다. 산지브 마당에서 하기로 한 행사는 취소되었다. 산지브의 형님과 친구들은 마음이 좋지 않다.
저녁 무렵이 가까워지자 비가 조금씩 잦아들기 시작한다. 산지브의 형님은 샤르마에게 부탁하여 샤르마의 학교에서 행사를 할 수 있도록 허락을 받는다.
모든 결혼식은 무사히 끝났고, 신랑이 신방에 들어갈 일만 남았다.
산지브가 친구들을 배웅하며 골목까지 따라 나온다. 그런데, 갑자가 하는 말이……
"오늘 어떻게 해야 하지……??"
짧은 순간, 모두들 말이 없다.

라지스: 너, 장난하니?

산지브: 아~~, 그게 아니라……

그건 나도 알지. 그런데……

산지브는 생긴 것답지 않게 굉장히 섬세하고 깊은 심성을 가지고 있다. 그는 한 사람과의 온전한 만남에 대해 묻고 있는 것이다.

라지스: 그건~~~, 경험이 없는 우리가 아니라, 지니에게 물어봐야지!!!

모든 시선이 그에게 쏠리고, 잠시 생각하던 지니는,

지니: 아주 단순하지.
산지브,
너의 섬세함만큼,
너의 깊이만큼,
너의 머리를 내려놓으면 돼.

온전한 만남은 자신의 울타리를 거두어들이는 것에서 시작한다.

〈 찬도기아 VI.10.1-2 〉

These rivers, my dear, flow the eastern toward the east,
the western toward the west.
They go just from sea to sea. They become the sea itself.
Just as these rivers while there do not know

'I am this one,' 'I am that one.'

동쪽 강은 동쪽으로, 서쪽 강은 서쪽으로 흐르니,
그들은 단지 바다에서 바다로 흘러, 바다 자체가 되네.
강들이 그곳에서 '나는 이것이다, 나는 저것이다'를 모르듯,

In the same manner, my dear,
all these creatures even though they have come forth from Being,
do not know that we have come forth from Being.
Whatever they are in this world,
tiger or lion or wolf or boar or worm or fly or gnat or mosquito
that they become.

모든 창조물이 비록 그 존재에서 나왔으나,
그들은 그 존재에서 나온 것을 모르네,
비록 세상에서 호랑이, 사자, 늑대, 돼지, 벌레, 파리, 모기였을지라도.

전체성이란 모든 것을 으깨어 하나의 반죽 덩어리로 만드는 것이 아니다. 파리와 모기와 호랑이를 조합하여 하나의 '슈퍼 에니

멀super animal'을 양산하는 것이 아니다. 세상은 그대로이고, 우리의 개별 마음 또한 그대로이다. 허물어져야 할 것은 마음 자체가 아닌, 마음의 한 구석에 자리한 '나'에 대한 고집을 내려놓는 것이다. 이 '나'는 자신이 울타리를 내려놓으면 세상 전체가 그 울타리 안으로 밀려들어 자신을 죽일 것이라 두려워한다. '나'라는 울타리가 없는 세상을 상상도 할 수 없다. 과연 어떻게 그런 것이 가능이나 하단 말인가? 세상이 모두 없어질 수는 있어도 '나'의 울타리는 존재해야 안심이 된다.

전체성은 복잡하지 않다. 세상에서 가장 단순한 것이 이것이다. '나'의 울타리를 거두어들이면 이것은 즉시 실현된다. 모든 개별체가 존재하지만 각자가 자신의 존재를 주장하지 않는 것이 전체성이다. 바람은, 빗줄기는, 햇살은 전체성에 녹아 있기에 자신의 개체성을 주장하지 않는다. 그들이 열변을 토하지 않는다고 존재하지 않는가? 그들은 언제나 하나인 그 모습으로 존재하고 있다. 이것이 전체성이 존재하는 방식이다. 마음 안의 '나'만이 홀로 외로이 서 있다.

64

일요일, 샤르마는 안마당 햇살을 등지고 아침을 먹고 있다. 샤르마는 가족들과 겸상을 하지 않는다. 식사가 끝나자 사비따가 손 씻는 물을 가져오고 식기를 가져간다. 잠시 후, 빠룰이 짜이를 놓고 가려 하자, 샤르마가 불러 세운다.

샤르마: 거기 좀 앉아 볼래.

느닷없는 상황에 빠룰은 살짝 긴장하며 아버지 옆에 앉는다.

샤르마: 나도 대충은 알고 있어, 네 마음을…….

올 것이 온 것이다. 온몸에 피가 솟구치나 빠룰은 얼른 정신을 가다듬는다. 아버지의 성격상, 처음에 밀리면 끝장이다.

샤르마: 네 엄마가 얘기하더라. 나도 오랫동안 지니를 보아 왔단다. 딸 가진 부모들은 다 그러지.

한껏 고조되었던 긴장을 빠룰은 조금 쓸어내린다. 아빠의 고려 대상에 지니가 있었다는 것만 해도…….

샤르마: 저 하늘에 무엇이 있느냐?

빠룰: 태양이 있습니다.

샤르마: 어제도, 오늘도, 내일도, 태양은 언제나 저 모습이지.
그래서 우리는 태양을 신뢰할 수 있단다.
또한 모든 생명의 힘과 삶이 저기에서 오지.
남자는 태양과 같아야 해.

빠룰은 아버지의 얘기를 음미하면서도 긴장을 풀 수 없다. 아직 결론을 모르니.

샤르마: 넌 지금 무얼 마시느냐?

빠룰: 공기를 마십니다.

샤르마: 언제나, 어디서나, 공기는 우리를 살아 있게 하지.
보이지 않으나 늘 함께하고 있어.
여자는 공기와 같아야 해.

샤르마는 딸에게 결혼이 무엇인가를 더 깊이 생각하도록 주문하고 있다. 자녀들의 행복이 곧 부모의 행복인 것은 동서고금 어디인들 다를까?

〈 찬도기아 VI.12.1-2 〉

'Bring hither a fruit of that nyagrodha tree.' 'Here it is, Venerable Sir.'

'Break it.' 'It is broken, Venerable Sir.'

'What do you see there?' 'These extremely fine seeds, Venerable Sir.'

'Of these, please break one.' 'It is broken, Venerable Sir.'

'What do you see there?' 'Nothing at all, Venerable Sir.'

"보리수나무의 열매를 하나 가져와 보아라." "여기 있습니다."

"그것을 쪼개어라." "쪼개었습니다."

"무엇이 보이느냐?" "작은 씨들입니다."

"그중 하나를 쪼개어라." "쪼개었습니다."

"무엇이 보이느냐?" "아무것도 보이질 않습니다."

Then he said to him,

'My dear, that subtle essence which you do not perceive, verily,

my dear, from that very essence this great nyagrodha tree exists.

Believe me, my dear.

그(아버지)는 그(아들)에게 말하길,

"아들아, 네가 알아차리지 못하는 그 미세한 본질이,

바로 그 본질로부터 이 거대한 보리수나무가 왔노라.

그 이치를 알아라, 아들아."

세상은 어디서 왔는가? 물리적 자궁이나 알을 생각할 일은 아니다. 인도의 한 기본적 철학 명제에 의하면, 유有는 유有에서 왔다. 이것은 보리수나무와 그 열매, 그리고 씨앗과 그 안의 보이지 않는 그것이 전체적으로 하나이고, 언제나 하나라는 것이다. 단지 시간이라는 터널 안에서 끊임없이 변화하고 있는 보리수가 있을 뿐이다. 이것에 의하면 창조는 의미가 없다. 보리수가 아닌 그 무엇을 상정해야만 창조가 가능하기 때문이다. 새로운 것은 없다. 새로운 표현이 있을 뿐이다. 새롭다는 것도 정확한 표현은 아니다. 시간의 터널 안에선 모든 지점이 새롭기 때문이다. 오고 가는 것은 없고, 표현만이 달라진다.

이 변화를 감지하는 것은 무엇인가? 그것은 인간의 마음이다. 인간의 마음 밖에선 보리수와 그 씨앗은 하나로 존재한다. 그저 흐르는 하나의 강줄기이다. 우리는 10초 전의 강물과 그 후의 강물을 구분하지 않는다. 마음이 자신의 편의에 의해 보리수와 그 씨앗을 구분한다. 보이지 않는 미세한 그것과 우람한 보리수는 하나이다. 하나는 그저 하나이다. 그래서 유有는 유有에서 온다는 언명이 가능하다.

65

빠룰은 뜻밖의 아버지 얘기에 생각이 깊어진다. 아버지가 주문한 그것, 그리고 그가 열어 놓은 그 문에 대해.

빠룰: 엄마, 아빠가 나의 결혼에 대해 말씀하셨어.

사비따: 그래!!! 뭐라고 그러시든??

빠룰: 결론을 말씀하신 것은 아니고…….

선택하기 전, 더 고민해 보기를 원하시는 것 같아.

사비따: 맞아. 너의 앞에 놓여질 상황은 네가 지금껏 전혀 모르던 다른 환경이 될 거야.

그걸 감당할 수 있겠니?

빠룰: 보장된 것은 없고, 새로운 세상에 어떻게 반응할지도 잘 모르겠어.

그러나, 지금 선택이 없다면,

그 새로운 사건은 아예 일어나지도 않는다는 것이지.

사비따: 잘못된 선택에 대한 결과를 생각해 보았니?

두려움 같은 건 없어?

빠룰: 신뢰를 잃을 때, 두려움이 있어요, 엄마!

미래의 사건에 대한 두려움은 의미가 없는 것 같아.

행복을 보장하는 건,

서로에 대한 신뢰와 그 외의 것에 대한 전적인 포기야.

사비따: …… 전적인 포기??

빠룰: 제가 많은 것을 붙들고 있을수록 행복하지 않을 확률이 많아요.

특히나, 어떤 상황이 일어날지 알 수 없는 조건 속에선…….

가급적 제가 많은 것을 내려놓을수록 행복의 확률은 커지지요.

가장 높은 확률은 하나만 붙드는 것이고요.

그에 대한 신뢰.

〈 찬도기아 VI.14.1-2 〉

Just as, my dear, one might lead a person away from the Gandharas

with his eyes bandaged and abandon him in a place

where there are no human beings,

and just as that person would shout

towards the east or the north or the south or the west,

'I have been led here with my eyes bandaged,
I have been left here with my eyes bandaged.'

어떤 사람의 눈을 가린 채,
간다라국에서 멀리 데려가 인적이 드문 곳에 버려두면,
그는 사방으로 '나는 눈이 가려진 채 이곳으로 이끌려왔네'라고 외칠 것이다.

And as, if one released his bandage and told him,
'In that direction are the Gandharas, go in that direction;
thereupon, being informed and capable of judgment,
he would by asking (his way) from village arrive at Gandharas;
in exactly the same manner does one here who has a teacher know,
"I shall remain here only so long as I shall not be released (from ignorance).
Then I shall reach perfection."

만일 어떤 사람이 눈 가린 천을 풀어주고,
"이 방향이 간다라국이요. 이리로 가시오"라고 알려주면,
그는 길을 물어물어 간다라국에 도달할 것이다.

같은 방식으로, 스승을 가진 자는
"내가 무지에 갇혀 있을 동안만 이곳에 머물 것이며,
그리곤 나는 그곳에 도달하리라"는 것을 안다.

스승의 역할은 단순하다. 방향을 가리켜주는 것이다. 스승은 결코 제자가 도달할 지점까지 데려다 주지 않는다. 그럴 능력도 없고, 그럴 수도 없는 문제이다. 인류 역사에 훌륭한 선생으로 추앙되는 어느 누구도 자신의 제자를 직접 목적지에 데려다 준 사람은 없다. 한 번의 눈길로, 한 번의 접촉으로 뭔가를 바랄 일이 아니다. 길을 물어물어 고향을 찾아가듯, 그 길을 가야 한다. 그것은 다름 아닌 '나'의 경계를 허무는 것이기 때문이다. 이 경계는 자신의 내면 깊은 곳에 스스로 만든 것이므로 그 어느 누구도 어찌할 수 없는 작업이다. 옆에선 그가 서 있는 위치를 일러 줄 수 있을 뿐이다. 자신의 속으로 낳은 자식을 어찌할 수 없는 우리가 누구를 이끌고 간다는 말인가?

그곳에 도달하지 않은 그가 어떻게 그곳에 대한 확신을 가지나? 이것은 하나의 도박이다. 자신의 신념이 맞을지 틀릴지, 아무것도 보장해 주지 못한다. 그러나 분명한 것은 선택을 하고 자신의 전부를 던지는 자만이 그 어딘가에 도달할 수 있다는 것이다. 첫 번의 선택이 잘못되었을 수도 있다. 그러나 지속적인 선택이 성공의 확률을 높인다. 누구를 선택할지도 중요한 일일 수 있으나, 더 절실한 것은 자신이 선택하는 길을 얼마나 성실히 걷는가이다. 진정 우리를 안내하는 것은 어느 개인이 아니다. 자신의 성실성이 그 어딘가에 닿을 때, 우리는 그곳으로 안내된다.

브리하드아란야까 우파니샤드

66

기차표를 예매하고 점심을 해먹으러 헐레벌떡 복도로 달려 들어오는 지니에게 KGB의 검문이 기다린다.

따누: 어디 다녀오세요? 밥도 안 먹고.

지니: 기차표 예매하고요. 일찍 줄을 섰는데 사람이 너무 많아서 이제나 끝났어요.

따누: 어딜…… 가요?

지니: 예, 다람샬라에요. 날씨도 너무 덥고…… 조금 쉬고 싶어서요.

지니가 방문을 열고 들어와 가방을 내려놓자, 따누는 너무나 자연스럽게 지니를 따라 들어온다. 그들은 이미 한 가족이나 다름없다.

따누: 요즘, 많이 지친 듯 보여요.
살도 좀 빠지지 않았어요?

지니가 책상 의자에 앉자, 따누는 지니의 침대에 걸터앉는다.

지니: 저도 잘 모르겠어요. 저울도 없고…….
근데… 따누는 요즘 행복하죠! 니띤도 열심히 일하고, 아이들도 잘 자라고…….

따누: 지니, 고민거리가 있는가 봐요.
말하는 것이나, 근자에 분위기가 그래요.

지니는 말을 멈추고, 양손으로 책상 위에 턱을 고이더니, 한동안 창밖 안마당을 내다본다.
따누도 등을 벽에 기대며 장기전으로 들어간다. 그녀의 호기심은 집요하며 동시에 느긋하다.
여전히 창 밖만 주시하는 지니가 말문을 연다.

지니: 두 개의 세상이 언제나 함께 있어요.
제가 뭔가를 해야 하는 세상과, 아무 것도 하지 않아도 되는 세상.
하나엔 건조하지만 평화가 있고,
다른 하나엔 아름다움이 있지만 아픔도 있어요.

따누: 지니, 사랑에 빠졌군요. 이룰 수 없는 사랑에.

지니: 어··· 예?????

따누의 명료한 판결에 지니는 화들짝 놀라며 그녀 쪽으로 몸을 돌린다.

따누: 혼자 있는 남자가 아픔과 아름다움을 같이 느낀다면…….
분명, 이룰 수 없는 사랑이에요……. 호호호~~.

'전생에 시베리아 샤먼Shaman이었나, 아님, 정말 KGB?'
아무튼, 그녀에게 대뜸 털어놓을 수도 없으나, 지니는 뭔가를 토해내야 할 것 같다. 따누도 그것을 알고, 조용히 기다린다.

지니: 따누는 무얼 택할 거예요?
따누: 저는 아름다움이에요.
지니가 늘 저에게 얘기해 주었잖아요.
아픔은 항상 더 큰 무엇을 준다고, 저는 욕심이 많아서……
호호호~~.
지니: 맞아요. 이제, 제 차롄가 봐요.

〈 브리하드아란야까 II.3.1 〉

Verily, there are two forms of Brahman,
the formed and the formless,
the mortal and the immortal,

the moving and the unmoving,
the actual (existent) and the true (being).

두 형태의 브라흐만이 있으니,
형태 있음과 없음,
죽는 것과 불멸,
움직임과 움직이지 않음,
존재하는 것과 진리이네.

포괄적으로 이야기할 때, 브라흐만은 유일신교의 절대자와 불교의 불성과 상호 호환하여 사용할 수도 있다. 그러나 보다 정밀한 언급이 필요할 때, 브라흐만은 다른 개념들과 분명히 다른 것을 의미하고 있다. 이것은 세상의 모든 변화하는 움직임을 가리키는 현상과 현상 밖의 영역, 둘 모두를 포함하고 있다. 절대자와 불성은 이원성을 인정하든지, 아니면 최소한 이원성을 가정한 뒤, 어떤 내용을 언급할 때 사용될 수 있는 용어이다. 반면, 브라흐만은 항상 일원성의 맥락 안에서 이야기된다. 그러나 인간의 대화는 대부분 이원성의 맥락에서 이루어지므로 브라흐만의 개념이 불편한 경우가 많이 발생한다. 그래서 기술적으로 두 종류의 브라흐만을 설정하게 되었다.

형태가 있고 움직이며 사라짐이 있는 현상 안의 존재로서의 브라흐만과, 변화가 있는 현상 밖의 불변으로서의 브라흐만이 있다. 우파니샤드에서의 브라흐만은 세상 밖의 절대자이며, 인간이 추구하는 목적인 불성인 동시에 인간을 포함하는 세상 그 자체를 지칭한다. 브라흐만의 개념 속에서 세상은 배제되지 않는다. 인간의 고통과 부조리와 모순과 사악함조차 브라흐만이다. 분명, 종교적 절대자나 성취해야 할 목표로서의 불성과는 확연히 다르다. 브라흐만은 저주 받은 세상인 동시에 축복 받은 지복至福을 가리킨다. 우파니샤드 가르침의 시작이며 근본은 '모든 것은 하나'라는 명제이다.

태초에 브라흐만이 있었고, 브라흐만으로 춤을 추다, 브라흐만으로 고요해진다. 존재하는 것은 언제나, 늘, 항상 브라흐만뿐이다. 우파니샤드는 현상이라 불리는 브라흐만의 춤에 마야maya라는 이름을 붙였다. 마야는 브라흐만과 구분되는 어떤 다른 존재가 아니다. 브라흐만이 추는 현상이라는 춤을 마야라 지칭할 뿐이다. 마야는 브라흐만의 다른 이름이다. 마야는 브라흐만의 나타났다 사라지는 특성을 가리키는 이름이다. 그래서 전통적으로 마야에 꿈이나 환영이라는 해석이 따라오게 되었다. 일정하지 않은, 그 변화하는 속성을 표현하기 위해서이다.

그리고 인간은 브라흐만이다. 유일신 종교 안에서 '내가 신이다'라는 언명은 신성모독에 해당한다. 이런 주장을 하는 사람은 미쳤거나 사기꾼이다. 불교 안에서도 불성佛性을 신성시하는 경향이 농후하다. 그들은 불성을 천국만큼이나 높은 곳에 모셔놓고 있다. 인간은 범접하지 못할, 고타마 싯다르타나 나가르주나 Nāgārjuna 정도나 가능한 대단한 무엇이다. 그러나 브라흐만은 그렇게 높은 곳에도 있지 않고, 천부적 재능을 지닌 자들만이 접근할 수 있는 특별한 것도 아니다. 인간의 숨결이, 슬픔이, 고통이, 기쁨이, 환희가 모두 브라흐만이다. 브라흐만엔 신성神性이 없다. 모든 것이 동등하게 신성을 가졌다면, 굳이 신성이라 할 것이 없지 않은가? 교도소의 극악무도한 범죄자도, 집안의 애완 고양이도 브라흐만이다. 수백 만 명의 목숨을 앗아가는 홍수도, 기근과 전염병도 브라흐만이다. 분노도 욕심도 질투도 브라흐만이다. 세상의 너울대는 모든 춤이 하나의 브라흐만이기 때문이다. 분별하는 인간의 마음이 브라흐만을 놓치고 있을 뿐이다. 그 외에 어긋나 있는 것은 아무것도 없다. 우파니샤드의 내용은 결코 복잡하지 않다. 우리가 이미 가지고 있는 개념과 선입관이 눈을 가리고 있다.

브라흐만의 다른 이름은 아뜨만Ātman이다. 아뜨만은 한 인간의 순수한 내면적 영혼, 혹은 진아眞我를 가리키는 용어가 아니다. 아뜨만은 한 인간 안에서 보여지는 브라흐만을 지칭하기 위해 기술적으로 고안된 용어이다. 들판에 나가 사방을 둘러보면 하나의 풍광이 시야에 들어온다. 그리고 집 한 채도 보인다. 그 집에 들어가니 창문이 있고, 창문을 통해 밖을 보니 들판의 광경이 눈에 들어온다. 그러나 같은 들판의 풍광이지만 창문을 통해 보는 광경은 창문 틀에 의해 한계 지워지는 풍광이다. 집 밖에서 보이는 것은 브라흐만이며, 창틀을 통해 보이는 것은 특별히 아뜨만이라 지칭했다. 인간의 대화 속에서 많은 편리성이 있기 때문이다. 집 밖에 나오면 창틀을 포함했던 그 집마저 전체 풍광 속의 하나일 뿐이다. 우파니샤드에서 인간이란 본질을 가진 존재가 아닌, 한 순간 변화하는 바람과 같은 현상일 뿐이다. 그저 표현이 있고, 하나의 시간과 공간에 잠시 머물렀을 뿐이다. 존재하는 것은 '나'와 '너'가 아닌 브라흐만 하나이다. 아뜨만이 브라흐만이면, 아뜨만은 '나' 없음이다. 그렇다면 '순수하고 진실된 나'라는 표현을 아뜨만과 결부시키는 것은 상식에 맞지 않는 일이다.

슈웨따슈와따라 우파니샤드

67

뻐후가 놀다 가느라 방충문이 한동안 열려 있던 사이, 파리 몇 마리가 지니 방에 들어왔다. 지니가 본국에서 공수 받은 날렵한 파리채로 마지막 세 번째 놈을 힘차게 내리치고 있는 순간,

산지브: 뭐해??? 지니??

방충문 뒤에서 현장을 목격한 산지브가 의문 섞인 비명을 지른다.

지니: 응!… 너희 요기(명상 수행자)들이 가장 겁내는 거.

지니는 대수롭지 않은 듯, 한 손에 피가 난자한 사체가 붙은 파리채를 든 채, 다른 손으로 방충문을 열어 준다.

산지브: 여전히 권위를 부정하는 반항아군……. 경전과 전통의 가르침에 도전하는…….

지니: 아냐… 단지, 자신에게 솔직하고, 신념에 성실할 뿐이야.
가설은 검증되어야 하고, 그 결과 또한 미래를 위한 가설일 수 있지.
아무튼, 첫날은 잘 치렀니?

약간 경직되어 보이던 산지브의 입 끝이 갑자기 귀에 걸리며,

산지브: 응…. 생명의 경이로움…… 그리고, 그 생명에 감사해.
네가 하찮게 여기는 그것에.

지니 삶의 방식을 잘 아는 산지브지만, 현장을 적나라하게 목격한 오늘은 심통을 부린다. 심심하던 지니도,
'그래, 너 오늘 잘 걸렸어. 첫날밤을 치른 녀석, 한 번 골려 줄 참이었는데, 흐흐흐~~.'

지니: 생명을 하찮게 여기는 것은 아니야.
고상한 '나'라는 존재가 되기보다는, 솔직하고 자연스런 '상황'을 선호하지.
뚜렷한 해결책 없이 지루하게 반복되는 고통의 상황이 싫어.
가장 현실적으로 여겨지는 방법(파리채를 바라보며)을 선택할 뿐이야.
네가 결혼한 것도, 결국 외로움이라는 고통을 해결하기 위한 하나의 방편 아니었니?

둘의 사랑이 애절한 그런 결혼은 아니었고……….

산지브는 괜히 심통을 부렸다 싶다. 지니랑 맞장을 뜨면 안 된다는 걸 알면서…….

지니도 이쯤에서 접고, 평화모드를 찾는다.

지니: 그건 그렇고……, 너 결혼한 것엔 후회 없니?
네가 가지 않은 길에 대한 미련 같은…….

산지브: 잘 모르겠어. 모든 결정이 갑자기 이루어졌고, 아직 얼떨떨해.
분명, 내가 생각하던 삶과는 많이 달라질 거라는 것은 알아.
그리고……

지니: 두려움 같은…….

산지브: 솔직히 그래. 내가 아무것도 준비되지 않았다는 사실이 이제야 보여.
아내에 대한 책임과…….
머릿속에 있던 이상을 현실에 옮길 힘이 부족하다는 것을.
요즘 내 행동을 보면, 평소 신념이 아닌, 사회 통념에 있는 기계적 반응을 더 많이 해.
내가 가꾸어 오던 '산지브'는 어디 있는지 모르겠어…….

지니: 준비 되지 않은 것은 맞지만, 잘못된 선택은 없어.
선택엔 항상 아픔이라는 대가가 따르지. 그러나 성장이라

는 보상이 있으니…….

나쁜 거래는 아냐.

산지브: 넌 언제나 긍정적인 게 좋아. 그래서 네게 중독이 되는지……. 흐흐흐~~.

지니: 나도 늘 편한 것은 아냐, 힘든 고민이 있지.

산지브: 오~~~, 그래? 뜻밖인데, 지니!

도대체 뭐야?

난 감이 안 와…….

'그래, 넌 KGB가 아니니까. 그 면에선 넌 따누를 영원히 따라갈 수 없을 거야.'

지니: 나도 아픔을 안아야 하고, 그 결단의 시점이 임박하고 있어.

지니는 천천히 고개를 돌려 안마당을 바라본다. 늦은 오후 햇살이 빠룰네 담벼락을 비추고, 촘촘히 달린 나뭇잎들만 바람에 살랑거리며 반짝인다.

〈 슈웨따슈와따라 I.8 〉

The Lord supports all this
which is a combination of the mutable and the immutable,

the manifest and the unmanifest.
And the soul, not being the Lord, is bound
because of his being an enjoyer.
By knowing God (the soul) is freed from all fetters.

군주는 변하고 변하지 않는,
드러나고 드러나지 않는 그 결합을 유지하네.
군주가 아닌 그 영혼은
향유자로서의 자신의 존재로 인해 묶여 있네.
그 영혼이 군주를 앎으로써 모든 속박에서 풀려나네.

군주는 전체성인 브라흐만을 가리킨다. 변하는 것과 변하지 않는 모두를 품는 것은 전체성이다. 군주가 아닌 그 영혼은, 향유자라는 한 개인성 안에 갇혀 있는 '나'의 울타리를 넘지 못한 인간이다. 이 인간이 '나'를 넘어 모든 것이 하나임을 알게 될 때 속박은 사라진다. 인간을 묶는 것은 '나의 울타리'이다. 세상 모든 것은 스스로의 질서에 의해 잘 유지되고 있다. 시기가 되면 땅이 갈라져 용암이 솟구치고, 모든 생명을 잠재우는 추위가 세상을 얼음으로 뒤덮고, 홍수가 초목을 바다로 쓸어가지만, 그들에겐 문제가 없다. 인간의 마음에 고통이 일어날 뿐이다. 자신에게 좋고 나쁨을 분별하는 그 기준이 세상을 평가한다. 그 평가를 통해 인간은 갇히게 된다.

사막에서 짐을 나르는 낙타는 저녁에 일을 마치고 고삐를 말뚝에 메는 시늉만 하여도 말뚝에 묶인 줄 알고 움직이지 않는다고 한다. 아무것도 자신을 묶어두고 있지 않지만 길들여진 선입관이 자신을 묶어두고 있는 것이다. 인간의 마음 또한 정확히 낙타와 같이 행동한다. '나'의 울타리는 존재하지 않으나, 그 울타리가 있다고 믿어 의심치 않는다. 그리곤 이 울타리를 모든 판단의 기준으로 삼는다.

'따듯함'이면 족하다. 그러나 '내가 따듯하다'고 여긴다. '슬픔'이면 족하다. 그러나 '내가 슬픈' 것이다. 따듯함이나 슬픔은 보편적 현상이다. 누구나 특정 온도의 환경에 따듯함을 느끼고, 비극적 상황엔 슬픔을 느낀다. 그러해야만 당연하고 자연스럽다. 그러나 '나의 슬픔'과 '슬픔'은 조금 다르다. '슬픔'은 슬픔의 상황이 주어지면 자연스럽게 발생하고, 그 상황이 종료되면 점점 슬픔의 강도가 약해져 결국 곧 사라진다. '나의 슬픔'은 슬픔의 상황이 종료되어도 좀처럼 사라지지 않는다. '나'의 울타리 안에 그 슬픔을 가두어 두고 있기 때문이다. 그 슬픔을 소유하고 있다. 그것을 '나'의 것이라 여긴다. 누군가 옆에서 그 슬픔을 떨쳐버리라고 충고하면 화를 낸다. 이것은 '내 것'인데 왜 네가 간섭하느냐는 것이다. 그리곤 그 슬픔을 수개월 혹은 수년을 가지고 있다.

분노 또한 마찬가지다. 누구나 분노한다. 분노는 일상에서 예상되는 평균적 기대치가 있는데 이것이 만족되지 않고, 그것을 받아들일 수 없을 때 발생하는 감정이다. 그래서 우리가 아는 모든 생명체는 분노할 수밖에 없는 구조 속에 있고, 일정한 규칙을 가진 복잡한 사회구조나 관계성을 형성하고 있는 생명체일수록 분노의 빈도는 많아질 수밖에 없다. 질서와 규칙성이 작용하는 관계 속에선 예측의 상황이 항상 발생하기 때문이다. 분노 자체는 그저 발생하는 상황이다. 그러나 '내'가 분노함으로 인해 분노를 붙들어 둔다. 순간 지나가야 할 분노가 '나'의 울타리 안에 멈추어 있다. 분노가 일어나지 않게 하려는 것은 어리석은 짓이다. 돌멩이만이 가능하다. 분노는 생명체가 가진 하나의 반응 수단이며, 정당한 의사 표현이다. 오는 즉시 흘려보내면 된다. 분노가 머무는 시간에 비례하여 고통이 증가한다.

울타리 속에선 군주를, 브라흐만을, 전체성을 모른다. 드러나고 드러나지 않는 두 영역을 품는 것이 전체성이다. 전체성은 늘 그렇게 있다. 그것은 거룩하지도 신성하지도 않으며, 발에 채이고, 여기저기 굴러다닌다. 추앙 받아야 할 대상은 더더욱 아니다. '나'의 울타리가 그 모든 것을 가리고 있다. 속박은 '나'에서 시작하고 있다. '나'에서 풀려남이 모든 철학적 의미의 해방이다.

68

다람샬라로 떠나기로 한 지니는 기차 시간을 월요일로 맞추었다. 빠룰과의 작별 인사를 위해.
어둠이 깊이를 더하고, 모두들 방 안의 불빛 속으로 숨어드는 시각, 지니와 빠룰은 샤르마의 현관 앞에 불도 켜지 않은 채, 마주보고 서 있다.

지니: 내일 다람샬라에 가요.

빠룰: 왜… 갑자기……?

지니: 조금……….

둘은 말이 없다. 빠룰은 손을 뒤로 모아 벽에 등을 기댄 채 지니를 바라보고, 그 앞에 선 지니는 혼나는 학생마냥 그녀의 얼굴을 제대로 쳐다보질 못한다.

빠룰: 언제 오죠?

지니: 한~~ 두어 달!!

빠룰: 꽤 기네요.

보고 싶을 거예요.

지니의 심장은 채찍을 맞은 듯 아리다. 그녀의 애절한 심경에 묻어 있는 열기는 무방비로 노출된 지니의 살결을 헤집어 놓는다.

빠룰: 다가오다가 다시 저 멀리 원점으로 가버리는…….
무엇이 지니를 불러들이는 거죠?

지니: 두려움……….

지니는 고개를 들어 어렴풋한 윤곽 속에 검은 빛을 발하는 그녀의 눈동자를 들여다본다.
'저 눈빛을 언제까지나 지켜줄 수 있을까?'
'그것이 가능할까?'

빠룰: 무슨……….

헤아림을 넘어서버린 시간이 흐른 뒤,
삐후가 있던 그 동굴 속에서 울리는 목소리로,

지니: 빠룰은 영원한 것을 믿어요?

빠룰: 음~ 믿는다기보다……. '강가'(갠지스강)가 변함없이 흐르는 것과 같은…….
세상의 모든 게 변하지만, 그렇지 않은 무언가가 있음을 알아요.

지니는 반짝이는 그녀의 눈빛을 놓치지 않으려 한 발짝 다가서며,

지니: 변함이 사라진 그 지점에…… 함께 서고 싶어요.

멀리서 날아 온 불빛이 빠룰의 눈동자를 거쳐 지니의 동공에 꽂히고 있다.

지니: 하지만… 그 자리에… 서는 것이… 쉽지만은 않아요.

그녀의 온몸에서 뿜어져 나오는 심장의 박동이 지니의 솜털 하나하나를 울리고 있다.

빠룰: 그래서 두려운가요?

그 두려움을 삼켜버리기라도 하듯, 지니의 호흡이 깊어진다.

지니: 혼자 그곳에 서 있을 나 자신이…….

빠룰은 벽에 묻어 두었던 손을 꺼내어 방황하는 지니의 손을 살며시 붙든다.
지니의 호흡은 가느다란 그녀의 혈관 속으로 빨려 들어가고 있다.

빠룰: 지니는 혼자가 아닐 거예요. 그 자리에……….

아려오던 지니의 심장은 그녀의 손끝에서 하나 둘 아픔을 벗겨내고 새 살을 피워 올린다.
그윽해진 눈빛으로 그녀는 지니의 나머지 손마저 끌어당기며,

빠룰: 선물 가지고 올 거죠?

어둠을 몰아내고도 남을 환한 웃음으로 그녀는 지니를 올려다보고 있다.

지니: 받고 싶은 것 있어요?

그녀의 눈동자가 잠시 어딘가를 뒤지더니,

빠룰: 돌아올 때쯤이면 지니가 스스로 알 거예요.

어둠이 마을을 차곡차곡 접어 올리고, 별빛들은 하나 둘 눈을 뜨기 시작한다.
둘은 이미 시간이 멈춰버린 그 '강가'에 발을 담근다.

〈 슈웨따슈와따라 VI.20 〉

When men shall roll up space
as if it were a piece of leather,
then will there be an end of sorrow,
apart from knowing God.

가죽 조각을 돌돌 말아 접듯 공간을 접을 수 있다면,
신을 알지 않고도 슬픔을 끝낼 수 있으리.

공간은 현상이라는 변화가 일어나는 장이다. 드러나는 모든 것이 펼쳐지는 마당이다. 드러남 속에서는 슬픔을 끝낼 수 없다. 드러남은 변화이고, 변화는 곧 사라짐을 의미하며, 사라짐은 슬픔을 낳는다.

공간 속에 갇혀 있어서는 결코 공간을 접을 수 없다. 공간을 접기 위해선 공간 밖으로 나와야 한다. 공간 밖으로 나온다는 것은 드러나지 않는, 변화하지 않는 그 무엇을 확보한다는 것이다. 드러나는 것과 드러나지 않는 것을 확보하는 것은 전체성을 얻는 것이다. 전체성을 얻고 난 뒤, 드러나지 않는 위치에서 드러나는 영역인 공간을 말아 접을 수 있다. 슬픔은 드러나는 영역인 공간 안에서만 존재한다. 공간 밖에서 공간을 자유자재로 접을 수 있다면, 언제든 슬픔을 돌돌 말아 창고에 넣어둘 수 있다. (편의상 전체성을 얻고, 공간을 접고, 슬픔을 창고에 넣는 자를 등장시켰다. 말에 걸려 넘어지는 이가 없으리라 본다.)

공간을 접기 위해선 복잡한 신학적, 철학적 개념이 필요치 않다. 거룩함이나 신성함도 필요 없다. '나'라는 울타리만 걷어내면 전체성은 스스로 밀려든다. 바닷물을 막기 위해 쌓은 둑을 헐기만 하면 바다는 스스로 밀려온다. 방법은 먼 곳에 있지 않다. 울타리에 대한 집념이, 경계 없음에 대한 두려움이 모든 것을 막고 있다.

마이뜨리 우파니샤드

69

해가 온전히 떠오르지 않은 아침, 지니는 하리드와르Haridwar 역에 내린다. 근 두 달만이다.

역과 그 주변 상가들은 이미 활기를 띠고 있다.

지니는 릭샤를 흥정하고, 곧 배낭을 싣는다.

히말라야에서의 그 시간들.

지니는 무엇을 내려놓고, 무엇을 배낭에 담았을까?

샤르마의 집으로 향하는 릭샤 안에서 지니는 그저 '강가Ganges'를 바라본다.

〈 마이뜨리 VI.14 〉

From time all things flow,
from time they advance to growth;
in time they obtain rest (they disappear).
Time is formed and formless too.

시간 속에서 모든 것이 흘러 나와,
시간 속에서 그들이 성장하네;
그리곤 시간 속에서 안식을 얻으며 사라지니,
시간은 형태가 있기도 없기도 하네.

시간은 변화를 가능케 하는 단위이다. 시간이 있으므로 변화가 있는지, 변화가 있으므로 시간이 있는지는 중요하지 않다. 그들은 동전의 양면으로 함께 태어나서 함께 사라진다. 시간이 없으면 태어남도 성장도 사라짐도 가능하지 않다. 시간은 드러남의 자식이고, 드러남이 다하는 그 경계 너머에서 사라진다. 그래서 시간은 드러남 속에 갇혀 있다. 공간이 드러남이라는 경계 속에 갇혀 있듯 시간도 그렇게 갇혀 있다. 공간을 말아 접을 수 있다면, 당연히 시간도 그렇게 할 수 있다. 시간과 공간은 드러남의 속성이기 때문이다.

'나(Aham)'는 드러남에 갇혀 있다. 그러나 인간은 드러남에 갇혀 있지 않다. 비록 인간과 변화라는 것이 드러남이기는 하지만, '나'가 없는 인간과 변화는 드러남과 드러나지 않음을 자유로이 오간다. 그들은 전체성에 속하기 때문이다. 이 전체성이 우파니샤드의 '브라흐만'이다.

"Aham brahmāsmīti.나는 브라흐만이다."

(Bṛhad-āraṇyaka Upaniṣad I.4.10)

소야小野 배철진

가톨릭 집안에서 태어나 자연스럽게 종교적 윤리관에 젖으며 성장하였지만, 한편으로 세상을 구하지 못하는 종교에 대한 회의감도 함께 가지게 되었다. 이런 괴리를 해결하기 위해 가톨릭신학대학에 입학1986년하여 9년간 신학 공부를 하였지만 고통스런 부조화의 연속이었다. 결국 그의 신앙과 생각들이 사제로서 적합하지 않다는 이유로, 졸업과 동시에 가톨릭 교회에서 추방되었다.

이후 그는 어떤 도그마에도 붙잡히려 하지 않았다. 생각의 자유가 아닌 존재의 자유를 위해 1995년부터 방랑을 시작했다. 수년 간 히말라야를 돌아다녔으며, 미얀마에서 출가하여 승려로 살았다. 하지만 그는 자신이 더 성장해야 할 필요성을 자각, 인도 하리드와르Haridwar에 있는, 특별히 요가문화의 발전을 위해 설립된 데브 산스끄리티 대학에서 요가학을 전공하고, 2015년 박사 학위를 취득하였다.

그는 자신이 공부하며 이해한 요가를 현대에 맞게 새롭게 해석, 이를 SEE YOGA라는 이름으로 전하고자 한다. 그는 인간의 진화를 얘기한다. 요가를 통해서 인간에게 아직 미지의 세계로 남아 있는 영역을 함께 탐구하고자 한다. 따라서 그는 자신을 인간을 연구하는 과학자라고 말한다. 요가는 인간이 자신을 이해해 가는 구체적이고 실천적인 방법이기 때문이다.

지은 책으로 『집중과 물러남의 요가철학』이 있다.

홈페이지: www.seeyoga.kr

지니와 빠룰의 우파니샤드

초판 1쇄 인쇄 2016년 8월 16일 | **초판 1쇄 발행** 2016년 8월 22일
지은이 배철진 | **펴낸이** 김시열
펴낸곳 도서출판 자유문고
(02832) 서울시 성북구 동소문로 67-1 성심빌딩 3층
전화 (02) 2637-8988 | **팩스** (02) 2676-9759
ISBN 978-89-7030-100-6 03150 값 15,000원
http://cafe.daum.net/jayumungo (도서출판 자유문고)